伝えたい、未来を創る会社

社会を変え、
人を幸せにする会社

未来創造企業

編　一般社団法人 日本未来企業研究所

good.book
｜グーテンブック｜

はじめに

本書では、社会をより良くするための取り組みを実践し、影響力を発揮している地域企業(中小企業)11社のストーリーを紹介しています。さまざまな社会課題が山積し、経済・社会構造が大きく変化しつつある現代において、持続可能な社会を目指して自社の行動を変容し、輝きを放っている企業があります。

今なぜこのような企業に着目する必要があるのか。それを知るために、これまでの企業活動を振り返ってみましょう。

現代的な概念における企業が誕生したのは、18世紀から19世紀に起きた産業革命がきっかけと考えられています。初期の企業の目的は、生産性と利益の追求です。それまで個人や家族単位だった経済活動は、より大きな組織としての企業活動へ変化しました。

20世紀に入ると、企業が利益だけを追い続けた結果として、環境問題や人権問題などさまざまな社会課題が発生。その実態を重く受け止め、多くの企業が社会貢献や持続可能性を重視するようになりました。そして、地域社会や従業員、顧客に責任を果たすことで、社会的な信頼を獲得し、企業価値を高めることを推し進めるようになりました。近年では、環境に配慮した製品やサービスを提供する企業に賛同が集まり、市場で競争力を持つようになっています。

現在、日本の地域企業の数は、３５０万社以上とされています。これは、日本の全事業所数の99・7％以上を占める規模です。地域企業は日本の経済において非常に重要な役割を担っている存在といえます。

令和の時代を迎え、多くの社会課題を抱える日本において、企業の在り方や存在価値を見直すべき時が来ています。長い歴史の中で企業が生み出してきた社会課題は、これからの時代を担う企業が解決していかなければなりません。そのためには全国の地域企業の力が不可欠です。

これからの企業には、社会に対して多くの価値を創造することが求められます。人々が幸せを感じて、心身共に健康に、豊かに暮らせる地域コミュニティをつくること。限られた資源を有効に活用し、環境負荷を減らし、循環型社会を創造していくこと。これらを実現するためには、社会の仕組みを根本的に変える必要があります。

ただし、人材、資金など、さまざまな要素において大企業に比べ規模が小さい地域企業では、1社だけで変革を成し遂げるには難しい局面が多くあります。そのため、同じ志を持つ企業が集まって課題に立ち向かえるよう、共同体を構築していく必要があるのです。

本書で紹介している11社は、その共同体の一部であり、私たちはこれらの企業を「未来創造企業」と認定することで、活動の輪を多くの方に広げようと考えています。

私自身、「未来創造企業」の経営者、メンバーたちが挑戦する姿に日々感動し、感謝し、応援しているファンの一人です。本書を通して、より多くの方に各社のストーリーを知っていただきたいと願っています。そして、ご自身のお仕事やコミュニティにおいても「できることはないか」と考え、行動に起こすためのきっかけの一つとなれば幸いです。

一般社団法人日本未来企業研究所　代表理事　藤岡　俊雄

目次

経済性と社会性を両立、循環させる未来創造企業とは

未来創造企業（SSC・サステナブルソーシャルカンパニー）

・事業の主目的は本業を通じた社会課題解決（利益は結果として発生）
・社会課題解決で社会の〝価値〟やステークホルダーの幸福度が向上
・最終的に経済的価値も向上し、企業は持続して事業が可能

未来創造企業とは、「本業を通じた継続的な社会課題の解決」を事業目的の第一に掲げ、その実践により社会の価値や人々の幸福度を向上させる企業を、一般社団法人日本未来企業研究所が「未来創造企業（SSC・サステナブルソーシャルカンパニー）」として認定する制度です。未来創造企業の事業はより良い社会を創り出し、実践の結果生まれる利益を従業員などへ適切に分配・再投資することで、企業の持続的な発展につながります。

未来創造企業が創造する「価値・幸福度」は大きく次の3つに大別されます。

■社会的価値

特定の個人や組織に対してではなく、広く社会全体に対して効果・影響（負の側面を含む）が及ぶ、「公益」に係る価値。

■関係主体幸福度

個人や組織単位で認知・享受される価値。未来創造企業からの提供のみならず、個人や組織側からも未来創造企業に価値を提供することがある双方向的な「共益」に係る幸福度。

■社会・経済的価値

未来創造企業の経営者が、経営理念・ビジョンに従い、経営を行うことで生み出される価値。「社会的価値」創出に向けての取り組み姿勢や、企業の継続・成長に必要な経済（財務・会計）的達成度、「未来創造益（私益）」に係る価値。

認定時には、85項目ある「未来創造企業評価チェックリスト」を活用し、「地球」「社会」「地域」「顧客」「取引先」「従業員（家族）」「経営者」の7分野において、その企業が基準を満たしているかを評価しています。

「未来創造企業」の評価指標（全体構造）

対象範囲：広 ←→ 狭

価値・幸福度 / 評価対象、評価指標	社会的価値			関係主体幸福度			社会・経済的価値
評価対象	地球	社会	地域	顧客	取引先	従業員（家族）	経営者
評価指標 大項目（領域）	●環境 ●資源	●人口 ●経済	●コミュニティ（地縁） ●インフラ	●安全・安心 ●評価・協力	●企業（条件） ●協働・創造	●雇用（環境・条件） ●仕事（クオリティ）	経営者の実行度評価指標 （＋経営理念・ビジョンの評価） ●倫理（責任） ●存続・発展
評価指標 細項目	●XXX ●XXX			【顧客の幸福度】 ●XXX	【取引先の幸福度】 ●XXX		●XXX ●XXX ●XXX
評価点	○	○	○	○	○	○	○
	「市場」の視点						「経営」の視点

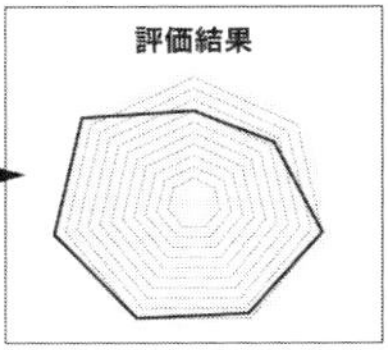

レーダーチャート形式で表示。
毎年度に実施することで、
成長（達成）度を確認・向上。

これまでの未来創造企業認定の取り組み

未来創造企業の取り組みは、２０１７年10月に始まりました。持続可能な社会の構築のため、専門家たちが集まった「士業の在り方研究会」を中心に、一般財団法人日本総合研究所と共同で「未来創造企業評価チェックリスト」を開発しました。

２０１９年、第1期未来創造企業認定研修がスタート。半年の研修を経て、12月9日に認定式が開催されました。その後は毎回約20社が認定に向けて挑戦しています。参加企業は、１００年以上続く企業から、起業して1年未満の会社などさまざまです。すでに社会的価値のある取り組みを行っている企業や、業界で信頼を得ている企業の参加も多くなっています。

エントリーした企業は、6か月の研修に参加します。研修期間中は、社内で「自分たちは何のために事業をしているのか？」「自分たちの存在価値は何なのか？」「未来に何を残すのか？」を考えながら、経営理念・ビジョンの策定及び見直しを行います。そして「未来創造企業評価チェックリスト」の項目に沿って、自社が取り組む意義や価値、必要性を議論し、現在の事業を超えて目指す世界観を構築するための事業をスタートしていきます。

研修終了後、期間中の挑戦を同期の企業や評議員、理事の前でプレゼンを行い、チェックシートに示された評価をもとに、認定の合否が決定します。

未来創造企業の認定を受けた企業は、一般社団法人日本未来企業研究所によって、プレスリリース季刊誌などを通してPR支援が受けられます。また、会員企業限定の学びの会や、SSC課題に応じたグループコンサルティング、企業交流会を開催し、情報交流の機会を得ることができます。認定を受けることにより、企業の認知度向上や従業員のモチベーションアップが期待でき、自社の経営革新を図ることができます。

未来創造企業の研修期間には、経営者だけでなく、社員も共に学び、成長していきます。また、同時期にエントリーした企業が互いに交流したり、情報交換をしたりしながら認定に向けて活動します。認定チャレンジ中に会社を設立したり、新たな雇用に挑戦したりすることも。自分たちの目指す世界観が固まって、社内が団結した結果、売上が上がるなど成果に結び付く企業もあります。また、歴史ある企業では、それまでと社内の空気が変わり、社員自ら新たな地域の方との関わりを持つようになった企業も誕生しています。

認定に向けた一連の取り組みを通して、毎回多くの物語が生まれています。

お客様、従業員、その家族。
人と幸せを分かち合う「心の経営」

株式会社宮田運輸（大阪府）

「たった今、自分の息子は命を落とした。
この息子には小学校４年生の女の子がいる。
そのことだけは分かっておいてくれよな」

トラックが本当に大好きな少年が成長し、
事業承継した運送会社、宮田運輸。

宮田氏が社長に就任して数年、
事業を拡げ、数字としても成長を続けるなか、
発生したのが、自社車両とスクーターによる死亡事故だった。

事故をきっかけに経営方針は変えた。
管理するのではなく、「人」を大切に信じる。

その中で生まれたのが、子どもたちの絵を通じて、
人の気持ちを大切にする「こどもミュージアムプロジェクト」だった。

ひたすら人に向き合う「心の経営」。
宮田氏は愛によって経営をしているのだ。

今、宮田運輸は新たな挑戦に取り組んでいる。
それは、福島県における東日本大震災からの復興。
物流という本業を通じて、宮田運輸は志を実現している。

宮田氏は言う。
「必要とされること、困っている人のためにこそ、やってやろうじゃないか」

社員を100%信じる「心の経営」で、良心が響き合う社会を目指す

宮田運輸は、大阪に本社を置く、主に食品や日用品を運ぶ物流事業を中心とした運送会社です。運送だけでなく、倉庫管理、共同配送、物流コンサルティング、物流システム構築まで幅広く手がけています。阪神淡路大震災の時には被災地に水を運んだり、東日本大震災の際には、除染土壌の運搬を行うなど、地域貢献にも取り組みました。

代表取締役社長の宮田博文さんは4代目。子どもの頃からトラックが大好きで、18歳で免許を取得し、宮田運輸に入社しました。2012年に代表取締役に就任。当初は家族経営からの脱却を目指し、数値目標を掲げて従業員への管理を強め、業績重視の経営を徹底していました。その効果は数字にも表れ、売り上げも利益も改善。しかし、就任から間もない2013年、社員へ無理をさせていたことが原因となり、自社のトラックとスクーターの事故が発生。スクーターを運転していた男性は、亡くなって

しまいました。

冒頭の言葉は、事故で亡くなった男性の父親から、宮田さんが受け取った言葉です。事故の直後、病院に駆け付けた宮田さんが案内されたのは、病室ではなく霊安室でした。すでに男性の遺族が数名集まっている中、一人の男性に慎重に声をかけ、「事故を起こした会社の社長です。本当に申し訳ございませんでした」と、名刺を差し出しました。その方は、亡くなった男性の父親でした。父親はとてもやさしい静かな口調で語り、その言葉が一層重く響きました。

亡くなった男性は当時43歳、事故を起こしたトラックのドライバーと同じ年齢でした。ドライバーの男性にも、小学生の娘が2人いました。宮田さんは病院を出てすぐに、ドライバーの自宅に向かいました。事故の責任はすべて会社にあること、事故の対応が終わったら、彼には今まで通り仕事を続けてもらうつもりでいることを伝え、家族を安心させたかったのです。宮田さんは、遺族はもちろんのこと、ドライバーの家族も、責任を持って支えていくことを決意しました。

この事故をきっかけにそれまでの経営方針を一転。「人」を大切にし、管理するのではなく社員を1

00%信じて任せる「心の経営」へと変化させました。

2014年から、「こどもミュージアムプロジェクト」をスタート。トラックの後ろに、ドライバーの子どもが描いた絵やメッセージをラッピングする取り組みです。ドライバーによる事故抑制に効果があり、全国の308の事業者や、海外にも活動が広がっています。宮田さんは、会社の枠を超えて「良心が響き合う社会」を目指し活動しています。

経営理念

私たち宮田グループは、全従業員と幸せを分かち合い社会に『夢』・『感動』・『喜び』を提供する企業を目指し、未来の進歩・発展に貢献します。

事故や違反を軽減させた「こどもミュージアムプロジェクト」

自社で起きた死亡事故から始まった「こどもミュージアムプロジェクト」。きっかけは、あるドライバーが、トラックのダッシュボードに自分の子どもが描いた絵を飾っていたことでした。そこには子ども字で「お父さん　いつもありがとう　あんぜんうんてん　がんばってね」と書かれていました。そのドライバーは自身の子どもからのメッセージを毎日見ながら運転に励んでいたのです。

この絵を見た宮田さんは「これだ！」とひらめきました。子どもたちのメッセージは、ドライバーの心に真っすぐに届きます。このような絵やメッセージを日々背負うことできっと変わるはず。トラックの背面に大きく、子どもたちの絵とメッセージをラッピングしました。これが「こどもミュージアムトラック」の始まりでした。

トラックに子どもの絵やメッセージをラッピングすることで、ドライバーはよりていねいに運転ができるようになりました。また、出発前にトラックを清掃、整備する手にも力が入ります。子どもたちの絵が与えてくれる「やさしさ」を通して、ドライバーが「事故を起こしてはいけない」という自らの意識を向上させるようになったのです。

宮田さんは2013年の事故以降、さまざまな方法で事故をなくそうと取り組んでいました。その中には、ドライバーに対して指示や命令、ルールで縛ろうとする方法もあったといいます。しかし、最後に、一番ドライバーの気持ちを動かし、安全な運転を実現したのは、ルールではなく「愛」でした。宮田さんたちは「やさしさ」は世界を変えるものと信じ、すでに活動している個人、企業を問わず「やさしさ」で共存し合える仲間と協力し合い、各々の活動が少しでも世の中に広まるように助け合いより良い社会を目指しているのです。

実際に「こどもミュージアムトラック」を始めてから、事故率は4割減少。違反も減少し、ていねいな運転になったことから燃費が向上し、ガソリン代を減らすことにもつながりました。この取り組みは経営上も大きな結果を生んでいます。

さらに、ラッピングされる絵を描く子どもたちにとっても意味があります。自分自身が描いた絵が大きくラッピングされて、街中を走るのです。それは大きな誇りとなります。子どもたちが自己肯定感を向上させることへの一助も担っています。

現在は、「一般社団法人　こどもミュージアムプロジェクト協会」を設立し、トラックへのラッピングだけではなく、他のモノ・壁面へのラッピングなどを事業として展開しています。メディアにも多数取り上げられ、全国、そして海外にも取り組みが広がっています。

２０１９年にはドキュメンタリー映画「愛でいけるやん ～宮田運輸がひらく道～」が制作されました。その年の11月からは全国各地での上映がスタート。この映画は、事故後の宮田運輸の日常を描いたもので、映画制作会社からのオファーを受け、４年半密着して撮影が行われました。こどもミュージアムプロジェクトの取り組みをより深く知る人が増え、さらに共感の輪が広がっています。

MIYATA TRAFFIC
おしごとがんばって
MIYATA
未来を創造し将来世代を担う子供たちのアートを募集しています。
Safety Drive
21-10

会社の未来をみんなで考える「みらい会議」

宮田運輸では、事業所や部署、役職を超えて自由に参加できる「みらい会議」を月に1回開催しています。毎回70～80名が参加しています。驚くのは、この会議には社外からも誰でも参加できるということです。

会議では、参加者が自分たちの取り組みや考えなどを発表し、それに対して社長がコメントを返します。事業所によっては、幹部社員だけでなく、現場のメンバーが自主参加し、発表することもあります。社長からは毎回、現場に対する感謝や、前向きな言葉がかけられ、従業員みんなが、会社を安心安全な居場所だと感じられるような温かい雰囲気が場を包みます。外部から参加された経営者の方が、その空気に触れて感動し、涙ながらに自身の話をされることもありました。

みらい会議で考えを発表し合うことで、事実と解釈の違いや、向き合う相手の奥底にある本当の思いを感じることの大切さなど、あらゆる方向からの学びがあります。例えば、「相手が怒っているのは、寂しさに原因があったのだ」など、コミュニケーションにおける大きな気付きを得ることもあります。みらい会議を重ねることによって、それぞれの主体性が育まれるようになるなど、仕事や生き方に対して良い影響を与えています。

福島県富岡町の物流拠点づくり

宮田運輸のこれからの挑戦は福島県で進んでいます。それは、福島県富岡町に物流拠点をつくるための取り組みです。

東日本大震災において、富岡町は津波の直撃を受け甚大な被害を受けました。また、富岡町は福島第一原子力発電所から十数キロの場所にあります。原発事故によって、町は帰還困難区域に指定され、住民は避難を余儀なくされました。その後、長い時間をかけて、町の避難指示は段階的に解除されるようになりましたが、震災前に16000人いた町の人口は、まだまだ戻ることができていない状態にあります。

宮田運輸では、福島への復興支援のため、これまでも除染土壌の運搬に取り組んできました。宮田さんは震災直後、「何かできないか」と考え、3台のダンプカーを新たに調達しました。当初はこの3台のダンプカーを福島に派遣することから始めました。この取り組みは、被曝の恐れがある仕事にもかかわらず、運搬ドライバーに立候補した社員がいたことから実現しました。

この取り組みによってできていたご縁から、ある日、富岡町役場の企画課の担当者が宮田さんを訪問しました。

そして、「帰還困難1区域解除のあと、産業団地をつくる計画があるが、工場誘致が進んでいない。その理由の一つに、物流拠点がないことがあげられる。富岡町に人が戻って来れるよう、物流を復活させたい」と相談を受けました。

震災以降、もちろん富岡町にも郵便や小規模な物流は復旧していました。しかし、企業が利用するような大型の物流がまだ復旧していなかったのです。モノが流れなければ、企業は事業を行うことができません。企業が戻ってこなければ、働く場所もなく、住む人が戻ることも難しくなります。震災以降、長い時間が経っても、富岡町にはまだ暮らしていくためのインフラが十分には復旧できていなかったのです。

宮田運輸を訪ねた町の担当者の方からは、涙ながらの相談を受けました。これに対して宮田さんはその場ですぐに決断。富岡町に宮田運輸の物流拠点をつくることを決めました。

事業上の観点からいえば、勧められたものではなかったかもしれません。まだ、この場所には企業が戻っていないのです。つまり、顧客はいないのです。それでも拠点を出す。拠点を出すことで、企業の誘致を進める。町のために、宮田さんはそんな決断をしたのです。

宮田さんは言います。

「たとえ、これで宮田運輸がだめになっても、つくった拠点はこの場所に残る。そうすれば、この町に物流はできる」

宮田さんは未来から今を見た時、何が大切なのかを考えている経営者です。宮田運輸を存続させることだけに留まるのではなく、多くの人の役に立つ事業を行いたい。これが、宮田さんの志なのです。

宮田運輸は、この取り組みを「FUKUSHIMA 22nd Century Project」と名付け、富岡町の産業団地に７６００坪の土地を借り、９００坪の倉庫を建築中。いよいよ、２０２３年8月には完成予定です。宮田さんは、22世紀に生きる子どもたちのために、今自分たちにできることを常に考えています。

1人の経営者の思いが、多くの人を励まし動かしていく

ＳＳＣ評議審査員　天明　茂

宮田さんが社長に就任して1年目、悲しい事故きっかけに、宮田さんの「人」を大切にする経営が始まっています。会社の存続を脅かしかねない大事故に対し、誠心誠意対応して被害者の赦しを得ただけでなく、拡大経営から人中心の経営に転換したことは、宮田運輸の第2の創業と言ってもいいでしょう。運送会社の経営のハンドルを握っているのは、一人一人のドライバーです。ドライバーのハンドルさばきが経営を左右するのです。宮田さんはそのことをしっかりと見据えて、社員の幸せを叶える会社にしようと決めたのです。

日本ではまだＣＳＶ（共有価値の創造）という言葉が目新しかったころ、宮田さんは「国際ＣＳＶ事業部」を設置し外国人2人を配置しました。その効果もあって、「こどもミュージアムプロジェクト」

は日本だけでなく海外まで賛同者が増えています。言葉や国境を越えて、優しさで世界をつないでいるのです。トラックのドライバーは、一日中、一人で運転をしています。交通渋滞でイライラすることも少なくないでしょう。そんな時に「家族と一緒に走っている」という安心感が、4割という業界では驚異的な事故率の軽減につながっているのです。

このラッピングトラックのアイデアは、あるトラックのダッシュボードに子どもが描いた絵が置かれていたことから生まれました。宮田さんがこの絵に気付いたのは、日頃から問題意識を持って現場を注視している習慣のたまものでしょう。

富岡町に物流拠点をつくる取り組みも素晴らしいことです。採算が合うかどうかではなく、社会にとって必要かどうかで決断する。そうして動きながら段々と採算が取れるビジネスモデルに練り上げていく。「義を明らかにして利を計らず」は江戸末期の山田方谷の言葉ですが、宮田さんは間違いなくこの道を歩んでいると言えるでしょう。

人生１００年時代をより健康に、
輝き続ける人を増やす

株式会社 STYLE（大阪府）

「この人生最高だった。そんな人を増やしたい」

自らの格闘家としての人生を通じて知った、アスリートたちが対峙する課題。ＳＴＹＬＥの池本氏は、課題を解決するべく、後進として挑戦する多くの人のために、アスリートが働くキックボクシングフィットネス事業を始めた。

しかし、池本氏の事業を今支えているのはアスリートだけではない。街のお母さん、シニア、そして企業だ。

池本氏は一時期、「１００店舗出店を目指そう」と活動していた。しかし、とある出会いをきっかけに「地域に対して何ができるのか」「地域でオンリーワンの価値を提供するにはどうしたら良いのか」と考えが変化した。

そして、シニア向けプログラムの提供、地域への店舗開放など、
地域のための活動を始めた。

結果、１００店舗を目指していた時以上に多くの応援が集まり、
事業展開のスピードも早まった。
業界に閉じるのではなく、地域につながっているのだ。

総合格闘技に取り組んでいた時から、池本氏の活動の源は
「喜んでくれる誰かのために」という想いにある。

池本氏の想いは、より多くの人の応援を集め、
そして喜びの笑顔を生み出し続けている。

アスリートのノウハウを活かし、健康寿命の延伸を目指す

株式会社ＳＴＹＬＥ（以下ＳＴＹＬＥ）代表の池本さんはかつて総合格闘技のプロとして活躍していました。多くの挑戦を重ねて、総合格闘技であるＤＥＥＰウェルター級チャンピオンとなりました。

しかし、その時、試合前に想像していたものとは異なる感情を抱いたといいます。勝利した瞬間やベルトを受け取った時の歓喜の想いはイメージしていたほど強くはなかったのです。一方で、試合後に携帯電話に届いていた多くの祝福のメッセージを見た時、喜びが溢れて涙が止まらなかったのです。

「チャンピオンになったのは、自分のためではなく周りの人を喜ばすためだったんだ」と池本さんは気付きました。この想いを胸に、応援に対する感謝を伝え、恩返しをしていくために、池本さんは世の中に格闘技やスポーツ本来が持つ達成感や楽しさを伝えていこうと決意しました。

ＳＴＹＬＥはキックボクシングフィットネス事業を軸として、人生１００年時代を生きる人々が長く健康的に生活し続けられる社会を目指すと共にプロアスリートのセカンドキャリアを支援しています。

トレーナーなどのスタッフは、引退した選手や現役選手など格闘家やアスリートに特化して雇用しています。プロ格闘家として業界では有名人でチャンピオンにまで上り詰めた実績がある池本さんであっても「格闘技界で成功してもそれだけで生計を立てるのは難しい」という現実があったからです。格闘家たちにとって、アルバイトをしながら練習をして試合に出る生活が当たり前であり、経済的な不安や引退後のキャリアへの悩みを抱える方が多く、雇用の場をつくりたいという想いが起業のきっかけでした。

「選手の現役引退」を「脚光を浴びる時期の終わり」ではなく、その後の人生をさらに輝き続けることができるよう、アスリートとして積み重ねてきた経験を社会に活かし、輝き続ける場所づくりを行っています。

現在では一般の方向けに直営7店舗、フランチャイズ4店舗のジムを展開しており、在籍していた格闘家たちに暖簾分けをしたジムも3店舗あります。格闘家だからこそ分かる身体づくりのメソッドやトレーニング方法、効率的な減量方法などを活かし、キックボクシングを一般の方向けにフィットネス化したプログラムを提供しています。

男性向けのイメージがある格闘技ですが、ミスコンテストの参加者向けのプログラムにも関わった実績もあり、女性向けの美尻をつくるジムとしてメディアへ多数出演するなど注目を浴びました。その後、体と共にメンタル面も整うキックボクシングフィットネスの効果に着目し、高齢者の方や健康面に課題がある方など、幅広い層の方にトレーニングを提供するようになりました。日々時間に追われがちな現代人が心や体と向き合い、動きやすい身体づくりをすることで生涯有意義な人生を送れるようサポートしています。

また、自社トレーナーの育成経験を活かした人材育成や教育事業も展開しています。別法人として運営している一般社団法人日本キックボクシングフィットネス協会では、日本初となるキックボクシングパーソナル資格取得養成講座を開講。ＫＩＣＫ　ＦＩＴ（キックフィット）トレーナーという職業を確立させ、アスリートの引退後のキャリアを支援しています。

格闘スポーツが学べるＳＴＹＬＥ高等学院では、格闘スポーツに関するカリキュラムを受講しながら、通信制で高等学校卒業資格を取得可能としました。「人に愛される人となれ」を教育スローガンに掲げ、プロ格闘家やトレーナーを育成しており、Ｋ―１甲子園全国優勝する選手や高校生チャンピオンを2名輩出しています。

アスリートにしかできない価値を世の中に広めて、アスリートが仕事もできる社会をつくることで、アスリートを子どもたちにとって夢ある職業にしていくことが目標です。

企業理念

人に愛される人になる

感謝や応援の気持ちを社会や従業員に伝えていく

池本さんがチャンピオンになった時に感じた「人を喜ばせることが自分の喜びである」という想いは揺るがない原点となり、現在の事業においても大切な価値観となっています。「多くのアスリートは現役時代にコーチや観客、家族などたくさんの人々から応援され、支えられているからこそ競技に打ち込むことができる。その応援の声に対して感謝を返したい」というのが池本さんの想いです。

共に働く従業員や退職者に対しても仲間として応援することを大切にしています。ジムのトレーナーは、経験を積んでノウハウを吸収した後に他店に移る、もしくは独立して競合になることが珍しくありません。そんな時、池本さんは従業員の退職を悲しみ疎遠になるのではなく、それぞれの想いや目標に向かう姿を応援し、時にはライバルであるジムに花を渡しに出向くなど行動で伝えています。

池本さんは「ＳＴＹＬＥの一番の宝は人」と考えていますが、このように去っていった人も含めて応援する姿が、今いる従業員たちの「ここで頑張りたい」というモチベーションになっています。元従業員とは、退職してすぐには難しくても、数年の時間を経て良い関係を築き人脈を紹介し合うなど、長い目で見た事業の発展につながっています。

高齢の方が短期間で変化。健康寿命や心の健康にアプローチ

キックボクシングは、一般的にはハードで体力が必要というイメージがありますが、ＳＴＹＬＥの客層は性別や年齢を問わず初心者も歓迎し、お客様の運動のレベルを0から1にする第一歩を応援しています。近年は、高齢者を対象とした健康寿命を延ばすためのトレーニングに力を入れて取り組んでおり、参加者には89歳の方もいます。

ある時、70代の男性会員の息子さんから池本さんに届いた手紙には「父がキックボクシングを始めてから急にしっかりしました。体も脳も短期間で良くなってきていて、感謝です」と書いてありました。「身体と心、脳はつながっているので運動習慣は大切」というのは一般的に良くいわれることですが、実際にトレーニングを受けている高齢者の方が目に見えて変化していることを実感し「キックボクシングフィットネスだからこそ実現できる、高齢化への対策があるのでは」と考えました。

トレーニングでは「ワン、ツー、フック」など、トレーナーが言葉で指示を出し、お客様も復唱しながらパンチやキックなどのコンビネーション動作を行います。脳外科の医師にも意見を聞いて一連の動きを分析したところ「衰えがちな股関節や肩甲骨の可動域を広げられる」「コンビネーションを覚えることで脳を活性化させて認知症などの予防につなげられる」「関節に刺激を与えることで骨密度を上げられる」といったメリットが考えられました。継続することで、動き続けられる体づくりとメンタル面の向上の両方が実現でき、健康寿命を延ばせると考えられます。

実際にトレーニングを受けている方からは「姿勢が良くなり体幹を意識するようになった」「階段が楽に上がれるようになった」「二の腕が引き締まった」など、体の変化に関するコメントのほか、「前向きに生きようとする気持ちになれた、新しい自分になったような気持ちがする」などメンタル面の変化について喜びの声を聞くことができました。

池本さんには「この人生最高だった。そんな人を増やしたい」という想いがあります。現在は人生100年時代といわれ平均寿命が上がる一方で、健康寿命との差は8~12歳もあり「長生きすることが不安」という方が少なくありません。しかし健康であれば、趣味を楽しんだり、やりがいを持って働き続けたり、若い頃に知らなかったことを学んだりと、老後の生活は楽しいものとなるでしょう。トレーニングを通じて健康を維持し、体が変化する達成感や前向きな気持ちを得ることは、老後を生きるための希望や活力になるのです。

2022年に開店した泉大津店の周辺は特に高齢者の人口が多いエリアのため、60歳以上の方向けの無料クラスや、泉大津福祉センターと合同でのグループレッスンを行っており、市長にも報告するなど行政とも連携しています。

現在、50代以上の方向けに開発した健康増進プログラムは大阪市トッププランナー育成事業に認定されています。医学療法士や脳外科の先生の観点も取り入れて、より動ける体や脳の活性化に効果的な

プログラム作りに取り組み、実証研究を進めました。今後はさらに学術的に効果を検証しエビデンスのあるプログラム作りを目指します。

企業などとの連携で事業の可能性を拡大

STYLEでは地域や異業種とのつながりも重視し、多くの企業などとのパートナーシップによって、キックボクシングフィットネスの可能性を広げています。いずれも、自社だけでは難しい取り組みです。

脳神経外科の病院で実施したボクシングフィットネスのセミナーでは、体に麻痺がある方や引きこもりの方も楽しく取り組むことができ、終了後も行動が活動的になるなど変化がありました。現在はこの病院が開業するメディカルフィットネスジムに、キックボクシングのコンテンツ導入を計画中です。

また「トレーニングをしたいけれど、子どもを預ける場所がないので難しい」というシングルマザーの方の声から、親子が一緒にトレーニングできるイベントも開催しました。参加される子どもの年齢が幅広いため独自のコミュニティを育むことができ、保育士資格を持っている社員の活躍の場にもなっています。

２０２３年にはＮＰＯ法人のここはぐとのコラボイベントとして「はじめての親子キックボクシング交流会」を開催しました。「子どもたちの良いところを見つけて誉めて伸ばす」をテーマとし、親子が一緒に汗を流しながら子どものパンチやキックをミットで受け止め、親もミット打ちができるというもので、ボクシングフィットネスを親子のコミュニケーションや学び、親のストレス解消にもつなげられる内容です。今後は「コトバで感じる、カラダで学ぶ」親子の学校開校も予定しています。

このほか、産婦人科とのコラボジムやホテルとの連携、ウエディング会社と提携し結婚式を控えた方が体づくりを行うブライダルキックボクシングコースなどの取り組みを行っています。

今後は、大学と連携して効果を学術的に研究し、科学的なエビデンスのあるプログラム作りを目指す予定です。また、テクノファイトのデバイス開発とアルゴリズム開発を並行して進めており、データ検証やサンプル作成を進めて、２０２３年本格的な展開を目指しています。

この数年、コロナ禍で心が内向きになる方が増えましたが、キックボクシングは大きな声を出して体を動かすのでメンタル面にも良い影響があります。パンチやキックを打つ瞬間に爽快な気分になれるのはもちろん、新しい自分の価値観や可能性に気付いたり、自分らしさを見つけたりするきっかけにもなる、大きな可能性があるものだと池本さんは考えています。

地元で拡大した事業の可能性を、全国へ広げる

池本さんは周囲への応援を大切にしていますが、これまで一貫して「ＳＴＹＬＥだからこそ」の価値提供に取り組んできた結果、逆に池本さんのことを応援してくれる方も増えて事業が成長してきまし

た。

STYLEはメディアにも多く登場していますが、最初は「格闘技チャンピオンがやっている美尻キックボクシングジム」として、現在は「健康寿命が延びるフィットネス」として紹介されるようになりました。女性の美や高齢者の健康はニーズがあるテーマのため、メディアとしては需要がある分野ですが、大前提としてトレーナーの接客やプログラムのクオリティが高く評価され、お客様より心からの信頼を得ていることが継続したメディアでの紹介につながっているといえます。また、社会貢献度の高い事業を展開していることでオンリーワンの存在として認知されてきました。

その結果、広告費を多くかけなくても多数の新規会員獲得を実現、求人費ゼロにもかかわらず、直近約1年間で正社員とアルバイト合わせて15名の雇用ができているなど安定した事業継続ができているほか、大手企業から好立地の自社物件に「池本さんのジムに入居してほしい」というリクエストを受けたり、これまで本書で説明してきたように異業種や行政、大学との連携を実現できたりと、事業の可能性を拡大しています。

ＳＴＹＬＥは以前より全国展開を目指していましたが、むやみに店舗を増やすのではなく「ＳＴＹＬＥだからこそ」提供できる価値や社会貢献を重視してきました。数年前は「１００店舗出店する」という分かりやすい数字目標を置いていましたが、発想が変わったのは企業経営について相談をしていた方から、次のような言葉をかけられたからです。

「池本君は格闘技でもチャンピオンになったから、また一番になりたいのは分かる。でも拡大していくと必ず価値が下がって崩壊していく。本当に地域にとって必要な店は、地域の方がファンになるし、絶対に潰れない」

この言葉を受けて、地域で通ってくださるお客様のニーズに向き合い、異業種とも協業し独自のプログラムを展開してきたからこそ、今のＳＴＹＬＥがあるのです。

大阪を中心に多くの取り組みで実績を積み重ね、事業としての土台を固めることができたからこそ、今後高齢者向けのフィットネスの全国展開などを目指しています。

未来を創るための、ライバルの重要性

SSC評議審査員　泉　貴嗣

STYLEで取り組んでいる、アスリートのセカンドキャリアに関する問題は、日本では重要な社会課題です。他の先進国では、スポーツの裾野は広く、さまざまな人がスポーツに触れて楽しむ中で、プロフェッショナルになる人もいれば、ライフワークとして関わる人もいる、といった構造を持っています。しかし日本では、プロフェッショナルとなれたごく一部の人の下に、プロフェッショナルに辿り着けなかった大量の人が残されてしまうという仕組みがつくられています。後者の人たちは、職業訓練を受ける機会をほとんど得られずその後どうやって生計を立てていくかが分からないまま、社会に出ていかざるを得ないのです。

この問題が解決されない限り、日本では、これ以上スポーツの裾野が広がることはないでしょう。STYLEが取り組んでいる、スポーツの安全保障、アスリートへの支援は、スポーツのサステナビリティという面で大きな価値があります。
すでにアスリートとしての経験がある人だけではなく、これからアスリートを目指す人への教育も事業として組み込んでいることも特筆すべきことです。アスリートたちのスキルを生かすことが、人生100年時代を生きる人々の健康促進につながっていく。職業教育という意味でも非常に大きい意味があると思います。

また、代表の池本さんは、会社を辞めて独立していった元社員にも、きちんとエールを送り続けています。

一般的な組織のリーダーには、競争に勝ち抜く役割が求められます。多くの企業では、競争相手が増えることを好みません。しかし、これだけ社会問題が深刻となっている今、志を同じくする仲間を増やすことも、社会の公器である企業を経営するリーダーの重要な役割です。

社会にインパクトのある課題解決を行いたいのであれば、同じ志を持って取り組む人が増えることが好ましい。つまり、どんどんライバルが増えること、時にはライバルを育てることも必要なのです。池本さんの姿勢は、広い意味での社会課題解決の促進、加速につながっています。

一人一人の人生の宝物をつくる
「思い出」づくりの世界ブランド

株式会社夢ふぉと（大阪府）

「一人でも多く、思い出で人の心の温度を1℃上げたい」

夢ふぉとは、その取り組みの軸について、
代表林氏の幼少期、最愛の祖母との思い出にルーツを持つ企業だ。
事業を始めたきっかけは「世界で一番大好きだったおばあちゃんの思い出を残したい」
という想いだった。

「ありがたい」「もったいない」
「人さまのために」「自分を下に」
「親を大事に」

これら祖母の口癖は、今でも林氏の活動の中心に聞こえてくる。
一人一人に向き合い、目の前の人のために何ができるのかを考える。
その結果が、夢ふぉとのそれぞれの事業につながっている。
時には、経済性を置いても、走る。
コロナ禍では、卒業アルバムがつくれなくなってしまった子どもたちに、
アルバムの無償提供をすぐに行った。

「偉い人にならなくても良い、なくてはならない人になれ」

祖母の言葉を胸に、林氏と夢ふぉとは、目の前の一人に向き合う事業を続けている。

アルバム事業を軸に、人の心の温度を1℃上げる

株式会社夢ふぉとはアルバム事業を軸として、卒業・卒園アルバムを中心としたアルバム制作、思い出アルバムを活用して人の心の問題や悩みの解決につなげる「アルバムセラピー」の実施などを行っています。

代表の林さんの起業のきっかけは、最愛の祖母との思い出にありました。林さんは幼少時、多くの時間を共に過ごした祖母から日常的に「ありがたい」「もったいない」「人さまのために」「自分を下に」「親を大事に」といった言葉をかけられていました。

林さんは成長してから、祖母の言葉が実業家の著書や自己啓発本で語られる「感謝」や「倹約」「利他」「謙虚」「親孝行」といった、人生や仕事をより良くする心構え・考え方と同じだと気付きます。「もう亡くなってしまった祖母の本が本屋さんに売っていたら良いのに」と感じたことから、すべての人々のかけがえのない大切な宝物となるのは「思い出」であると考え、思い出アルバム事業を始めまし

た。震災時の被災者の声で、失くした物の中で惜しかった物として、多くの人がアルバムを挙げていたことから、何にも変えられないプライスレスなものであると実感したことも、思い出アルバム事業の動機となっています。

最初は個人向けのアルバムを制作していましたが、少子化や過疎化で卒業アルバムの制作が難しくなってしまった学校の仕事を受注したことをきっかけに、卒園・卒業アルバムの事業に参入。独自にシステムを開発し、ユーザーがインターネット上のソフトウェアを使用して簡単にアルバムを作れるサービスなどを提供しています。現在では全国各地や海外の日本人学校まで年間約4千校、100万冊以上の制作実績があり、2021年11月には『卒園・卒業アルバム制作会社 総合満足度ランキング』『口コミ満足度』『アルバム編集ソフトが使いやすい口コミ満足度』の3つの指標で第1位を獲得、好評を得ています。

2012年からは、アルバムを使って記憶をたどり、自分の感情や価値観と向き合い参加者同士でシェアする「アルバムセラピー」を開催。「自身の過去の写真を見て、自分が本当にやりたいことを発見し起業への想いが固まった」「写真を見て親に愛されていたと気付き、自己肯定感が高まった」「3時間で心と人生の棚卸しができた」など、キャリア支援や心の問題の解決に効果があるセミナーとして好評を得てきました。２０１８年には一般社団法人日本アルバムセラピー協会を設立し、企業研修や学校の授業、終活講座等、子どもから高齢者まで、幅広い世代の方向けに開催しています。

ＣＳＲとして発展途上国の給食支援や学校建設などにも長期的に取り組んでおり『アルバムで思い出を残す』という段階まで至らない環境に置かれた子どもたちの笑顔を生み出す社会貢献活動を行っています。

企業理念

思い出で人の心の温度を1℃上げます。

企業方針

1. お客様と笑顔と感動、感謝でつながる
2. 温度のあるものづくりの追求
3. 人が学び成長する組織づくり

合言葉

1. いつもこころに太陽を
2. 思いやりの心を常に持ち
3. みなが幸せな会社を目指します

感温・感動・感謝・恕（おもいやり）

たね語録　創業のきっかけとなった、林代表の祖母の口ぐせです。

ありがたい　もったいない　人さまのために

自分を下に　親を大事に　皆様お陰様

宝物となる一生もののアルバム作りのため、一人一人と丁寧に向き合う

夢ふぉとは創業以来25年間、クレームをクレームで終わらせない取り組みをしてきました。数十年間、常に仕事が完璧ということはどんな仕事でも難しいもので、どれほど気をつけていても小さなミスは起きることがあります。そういった時、ユーザーの方が最後には「やっぱり夢ふぉとに頼んで良かった」と思える対応を徹底しているのです。

例えばアルバムの個人写真で名前を1文字間違えてしまった時、他社ではシールを貼って対応するケースも、夢ふぉとではコストがかかったとしてもお客様のご要望通りに、たった1文字であっても印刷のやり直しをして受け取るお子さんや親御さんの気持ちになって対応してきました。お客様にとって一生残るアルバムであり、人生の宝物となるかけがえのない思い出に責任と使命感を持っているからです。そして、そのお客様の後ろには、1000人のお客様がいるということを常に念頭において、た

った一人のお客様だからと絶対に割り切らないことを心がけています。

コロナ禍の2021年には「卒業アルバムを作れない学校がある」というニュースが流れました。その時「今が私たちの出番だ」と強く思い、夢ふぉとはすぐに行動しました。「卒業アルバムを持てない子どもを一人でも救いたい」という強い想いが卒業アルバムの無償提供というアイデアになりました。この時は、約5万件の学校に直接FAXを送り「卒業アルバムを作れなくて困っている理由や、どうすれば困り事が解決できるか」をアンケートしました。すると、学校行事の中止や縮小、カメラマンの同行禁止によりアルバム用の写真が集まりにくいことが分かりました。そこで、生徒自身が写真を撮影してアルバムを作ることで撮影自体が楽しい思い出となるように、インスタントカメラを寄贈するプロジェクトを実施したり、卒業アルバムを作れない学校には無償でアルバム制作の提供をしたりという活動を行いました。

卒業アルバムは元々、地域密着型のビジネスモデルであり、過去の慣習を重視する学校や保護者が多いので以前は卒業アルバム自体を作っていなかったという学校も、この取り組みをきっかけに毎年制作

平和
自由
卒業
卒業

おもいで

するようになったケースがありました。社会貢献が事業の成長にもつながっているのです。

人生をより幸せに。心の問題に向き合い社会課題の解決につなげる「アルバムセラピー」

2012年からは、アルバムを使って思い出を追体験し心の中の感情を言語化して参加者同士で共有する「アルバムセラピー」を実施しています。これは、自分の過去の写真の中から自己肯定感の源である愛されていた記憶と1人で生きてきたわけではない周囲への感謝を心の中から引き出していくものです。写真を見て思い出す当時の感情から自分や周囲の人への感謝、自分の気付かなかった愛情に気付き、自己肯定感を高めることで現在の人々が抱えがちな孤独感や無価値感、自己否定などへアプローチします。

アルバムセラピー誕生のきっかけは、女性起業家向けのセミナーとして依頼された２時間ほどの講座でした。林さん自身が「世界で一番大好きだったおばあちゃんの思い出を残したい」という強い想いが起業する動機となったことから「会社経営を継続すると共に幸福感を得るには、利益や社会貢献、世間からの見え方を考えるよりもまず、心の底から『私はこれが大好き』という自分軸が必要になる」と考え「参加者の方たちの『好き』を、アルバムを使って思い出の中に入ることで探してみよう」と発想したのです。

林さん自身、開講前は「本当にアルバムから好きなことを見つけられるだろうか」と半信半疑でしたが、大きな反響がありました。参加者の方からは「本当にやりたいことが見つかりました」とか「学歴やスキルがなく自分に自信が持てなかったけど、大好きなお菓子作りで人に喜ばれる仕事をやってみたい」等の感想がありました。現在は、就活する高校生・大学生向けにも自分のやりたいことを見つけられる自分軸発見講座としてキャリア教育にも活用されています。

小中学生向けには、学校における総合探求の授業に「心の授業」や「いじめ対策」「自己肯定感を育む」「夢・志の発見&発表」などのパソコン授業を全国で展開しています。例えば「いじめをしてはいけない」と説くだけでは、いじめは防げません。しかし、子どもたちが家族や友達と仲良く写っている写真をお互い共有して「仮にこの子をいじめたら何人の人が悲しむだろうね？」という問いかけをすると自ら考えさせることができます。子どもの想像力と感情を信頼し、写真がそのきっかけとなるという授業です。

現在、世の中にはさまざまなセミナーがありますが、その多くは考え方や情報をインプットするタイプの外的刺激を受けるものです。一方で、アルバムセラピーは講師から何かを教えたり働きかけたりするのではなく、ナビゲーターとして参加者の心の中から忘れていた感情を引き出すサポートをする役割に徹して、参加者の過去の写真にこそ力があることを信頼します。外的刺激ではなく内的刺激を受けられるので強烈に動機づけられて行動変容まで起こると分析されています。

アルバムセラピーの参加者の方に感想を聞いたところ「涙が出た・出そうになった」という方の割合が90％を超えていました。大学との合同研究により学術的な効果検証を進めた結果、アルバムセラピー受講後は幸せホルモンであるオキシトシンの分泌量が増えるというデータが得られ、思い出をたどることで喜びや安心感が生まれ、内面を癒す、セラピーとしての効果があると考えられています。

人の心を癒し、本当に大切なことを思い出させるアルバムセラピーは、高齢者施設のスタッフや子育て中の方など、お年寄りや子どもとの関わり方に悩んだり、心の余裕を失ってしまったりというきっかけから虐待などの問題行動につながる事例がある環境の方にも効果がありそうです。

現在、子育て中に心が苦しくなってしまったかたがたが、子どもが生まれた瞬間の気持ちにいつでも立ち戻れることで虐待抑止につながる「子育てアルセラフォト絵本」を作成するワークショップを開催しており、この取り組みを全国に広げたいと考えています。

アルバムセラピーを受けることによって、お子さんを愛せないことに困り「この子さえいなければ」と悩んできたお母さんが「この子がいたからこそ今がある感謝」に気付いて涙を流すことや、「父親に愛されていないと思い込んでいたが、ちゃんと愛されていたことに気付けた」といった声があり、今までのカウンセリングや通院で効果を感じられなかった心の根深い問題が解決したということもありました。人と人の関係が希薄になり愛情不足から起こる社会課題に対して、家族をつなぎ人間関係を再構築していくサポートをすることで解決につながる取り組みを目指しています。

アルバムの世界観をもっと感動的に。思い出づくりの世界ブランドへ

これまで夢ふぉとでは、カンボジアの学校建設や学費支援など、主に発展途上国の子どもたちの教育のためのＣＳＲ活動に取り組んできました。ＴＡＢＬＥ　ＦＯＲ　ＴＷＯを通じてアルバムを一冊納品するごとにアフリカの学校給食１食分20円を継続支援し、合計で約30万食分以上の金額を寄付しています。日本の子どもたちと発展途上国の子どもたちをつなぐ役割を果たしていけたら社会的な意味や価値がある、という考えが支援の動機になっています。

今後はＣＳＲから、事業を推進しながら社会課題を解決するＣＳＶ経営の領域へと一段活動のステージを上げることを目指して、さまざまな取り組みを模索しています。

夢ふぉとがこれまでアルバムセラピーに取り組んできた理由の一つは、全国の卒業・卒園アルバム制

作会社という既存事業を活かして子どもたちに起こっている社会課題解決の役に立ちたいと考えているからです。そのため、今後はアルバムセラピーのノウハウを活かして、学校の卒業アルバムを単なる学校の思い出の記録にとどめず、自己肯定感アルバムや志アルバムといったものに変えていくチャレンジを予定しています。親や先生、友達に愛されていた記憶や、周囲の人に助けられて生きてきたことの感謝を写真という形で残し、いつでも思い出せるようにすることを目指しているのです。

具体的には、パソコンを使用した授業で自分の写真を使った『自分物語』を作り、卒業アルバムに入れるという取り組みです。将来、辛い気持ちになってしまった時などに開くことで、元気や勇気、笑顔を受け取れるため心の回復につながり、日本で現在課題となっている若年層の自殺やいじめの抑止に役立てる取り組みにしたいと考えています。

もうひとつ目指しているのは、高齢者が健康寿命をまっとうできるような社会づくりに貢献することです。高齢者が健康でイキイキと生活するために最も必要なのは「自分は必要とされている」という感情であり、具体的には「生きがい」「仕事」であると考えています。その感情を満たすサービスを開発予定です。また、要介護の方向けには、介護施設や高齢者施設の経営者と協業してアルバムセラピーのメソッドを取り入れたアセスメント手法を開発していきます。

就活生や高齢者の方にとって、アルバムセラピーによって「やりたいことが見つかる」「自己肯定感が上がる」等の効果については、関西国際大学の教育学部の教授と共に研究を進め、エビデンスを取得して自己分析講座等により役立つものを目指しています。

このほか、産官学連携事業として富士フイルムイメージングシステムズや関西国際大学、一般社団法人志教育プロジェクト、絵本未来創造機構などさまざまな企業・団体と連携しながら事業構築に取り組んでいく予定です。

アルバム自体は一般的には思い出を懐かしむための物であり、商品として完成しているイメージがありますが、夢ふぉとではアルバムの新しい活用方法や、アルバムの世界観をより新しく、楽しく感動的なものにするための商品開発に挑戦し続けているのです。

林さんは、自身の起業のきっかけとなった祖母の口癖「ありがたい・もったいない・人さまの為に・親を大事に」これらの人として一番大事なことを全世界の人ができたとしたら、日本で問題となっている、分断や無縁社会による社会課題だけでなく、世界の戦争や貧困がなくなり、平和に変わるかもしれない。そのきっかけとなる力が思い出アルバムにはあると考えています。そして「今後、ＣＳＶの経営しかしない、人の心の温度を1℃上げることで社会課題解決につながる事業しかしない」と決めており、所属しているスタッフ全員が「その行為は人の心の温度を上げることにつながっているか」を常に考えられるよう、理念浸透を促進しています。

今後は、思い出づくりの世界ブランドを目指していますが、それは世界一という規模や売上を意味するものではありません。「なくてはならない企業、世界で一番人の心に深く寄り添うことのできる企業」という意味です。お客様への思いやりの深さで一番となる商品やサービスを提供し続けたい」という想いのもと、新規のサービス開発や社会貢献に取り組み続けています。これもやはり林さんの祖母の言葉が原点となっており、「偉い人にならなくても良い、なくてはならない人になれ」という言葉の「人」を会社に置き換えて、思い出アルバムの世界観の変革に挑戦し続けています。

フォトの価値を生かして、人の心を癒し、未来につながる事業を創造

SSC評議審査員　天明　茂

誰の家にもあるアルバムを、自己肯定感のアップ、さらには世界平和にもつなげていくという発想に驚きました。幼い頃からお祖母様の口癖が体に染み込んでおり、その思いが林さんの夢ふぉと事業のバックボーンになっています。

アルバムを使った「アルバムセラピー」というアイデアにはとても共感できます。例えば、母親のことを嫌っていた子どもが、写真を見て大切に育てられていたことを知る。幼い時の思いが浮かび上がってきて、母親への愛を取り戻す。アルバムを見て、自分が愛されていたことを実感すれば、周囲への尊敬や感謝の思いを持つことができます。このアルバムの魅力を事業化し、個人だけでなく、学校や企業

へとそのセラピーを展開していく林さんの創造力は見事です。

幼少期に家族の歴史を聞くことは、子どものアイデンティティにつながるという心理学の研究結果があります。現在の自分につながる家族の歴史を思い出すことで、その後の自分の成長を体系的に捉えることができるのです。すると、課題に取り組む意欲や課題解決能力が高まり、ストレスの影響も抑えられるようになる効果があるそうです。


アルバムセラピーを親世代が受講することで、「自分は古い写真に癒され、自己肯定感を高めることができた」と実感できれば、自分の子どもに美しい思い出を残してあげようという思いが深まり、家族の絆が強まるに違いありません。

アルバムを通して過去の歴史や先祖の生きざまが分かれば、未来に向けてどのような家族の関係性を築くべきかが自ずと明らかになります。その意味で、家族の歴史を子どもや孫を含めた未来の世代に伝えていくことができたら、さらにその価値が高まることでしょう。家族関係の希薄化や家庭崩壊が叫ばれる今だからこそ、夢ふぉとを応援したい気持ちでいっぱいです。

水、空気、人。「有り難い」と向き合うことから広がる社会貢献を

株式会社一二三工業所（大阪府）

「もっと何かできることはないだろうか」

創業から60年、
水道という社会インフラを支え続けてきた一二三工業所は、
三代目として事業を承継した一二健夫氏の代に、
組織と事業において、変化する挑戦を大きく広げている。

社員とのかかわりを変えたことで、企業の魅力が変わった。
社内が明るくなった。
地域の地域企業（中小企業）に、3年連続で新卒入社が続いた。

変えたのは、やり方ではなく、在り方。

自身が何を与えることができるのかを徹底する。

一二氏が行動し、伝え続ける姿勢が社内に伝播した。


その取り組みは、社内だけを向いているものではない。

事業を営む地域に対して、何ができるのか。

その先、町に対して、何ができるのか。

地球へはどうか。


変わらない在り方。

「何ができるのか?」

「何を与えられるのか?」


大阪から世界へ、一二三工業所は挑戦する。

創業以来大切にしてきた「喜んでいただくこと」を、地域課題解決につなげる

株式会社一二三工業所は、1955年の12月8日に創業、5年後の8月6日に設立された長い歴史のある企業です。主な事業は、給排水衛生設備工事・空調換気設備工事です。大阪府市を中心にした公共工事と、地元企業や一般住宅が主なお客様です。2023年で創業から68年、堅実にまじめに地域の仕事に取り組んできました。長年連れ添ってきた業者の協力も得ながら、長くお客様からの信頼を得ています。

創業日の12月8日は真珠湾攻撃のあった太平洋戦争開戦日、設立日の8月6日は広島への原爆投下、いわば終戦のきっかけになった日付です。創業者がこのような日付を選んだ背景には、本人の戦争体験があります。株式会社一二三工業所の創業者は、戦時中、旧内務省土木工事事務所の鳥取出張所で働いていました。当時、鳥取出張所を含む、中国四国の出張所を管轄していた事務所は広島にあり、その場所は、原爆ドーム（産業奨励館）の3階ワンフロアーでした。原爆投下によって、疎開をしていなかっ

た52名の職員が亡くなりました。終戦後、広島の復興のため、各地方の出張所から派遣された一人が、株式会社一二三工業所の創業者でした。

この体験があったことから、創業者は「戦争のない平和な社会づくり」を株式会社一二三工業所の事業の目的に掲げました。12月8日、8月6日の創業日、設立日のおかげで、従業員は事業の目的に常に立ち返ることができ、使命感を持って仕事に取り組むことができています。

一二さんは改めてこの理念と向き合うことで、地域課題にも注目し、さまざまな取り組みを行っています。また、社員とその家族にも喜んでもらうことを考え、福利厚生の向上や、誰でも自由に意見を言える会議を設けるなどの改革を行ってきました。社内の雰囲気やコミュニケーションの改善にも影響を与えています。

経営理念

「喜んでいただくこと」

一、社員とその家族に

二、お客様一人一人に

三、地域社会の皆様に

すべての方々に喜んでいただける企業となること。

求職者に「選んでもらう」。採用活動を全社員が成長する機会に

一二三工業所は創業して60年以上、主に学校や集合住宅の水と空気の設備やメンテナンスに関わる仕事に取り組んできました。だからこそ一二さんは、安心して水を口にしたり、空調の良い部屋で暮らせたりすることは、とてもありがたいことであると深く理解しています。世界の1割の人たちは安全な水を利用できず、三分の一の人たちは、十分な衛生設備のない生活をしています。そのうち、50万人もの子どもたちが、十分な衛生設備がないために下痢で命を落としているといわれています。安全でおいしい水がいつでも好きなように使えるのは、けっして当たり前のことではありません。水だけではなく、空調も同様です。たとえ連日猛暑が続こうが、快適な空調の中で過ごせるようになったのも、日本でさえ、ここ数十年のことなのです。

社会貢献事業を主要な事業の一つと位置付け、経営理念・ビジョンに基づいて事業計画、組織体制、

就業規則や業務フローなどを見直したことにより、理系の新卒人材が入社してくるようになりました。新しい人材が入ったことで、次第に活発な意見が出るようになり、若手の躍動によりベテラン社員の主体性も発揮され、良い循環が生じるようになりました。

そこで一二さんは、採用活動にも力を入れるようになりました。採用方針を決める際には、全社員が参加して話し合います。会社説明会、事務所見学会、現場見学会を丁寧に行い、社員面接、役員面接を経て内定を出します。この採用のプロセスにおいて、代表の一二さんは関与しません。日々を共に働くメンバーによって仲間を選ぶ必要がある、と考えているためです。全社員が、採用活動の度に成長していきます。

一二さんが採用のプロセスにおいて最も大切にしているのは、会社ではなく、求職者が主役であるという点です。企業が企業活動に必要な人材を選ぶのではなく、求職者が自らの人生を豊かにするために必要な会社を選ぶ、という求職者側の目線で、すべての採用フローを考えています。

そのため、内定者には、最後に代表の一二さんの面接をしてもらいます。自分がこれから働く会社の

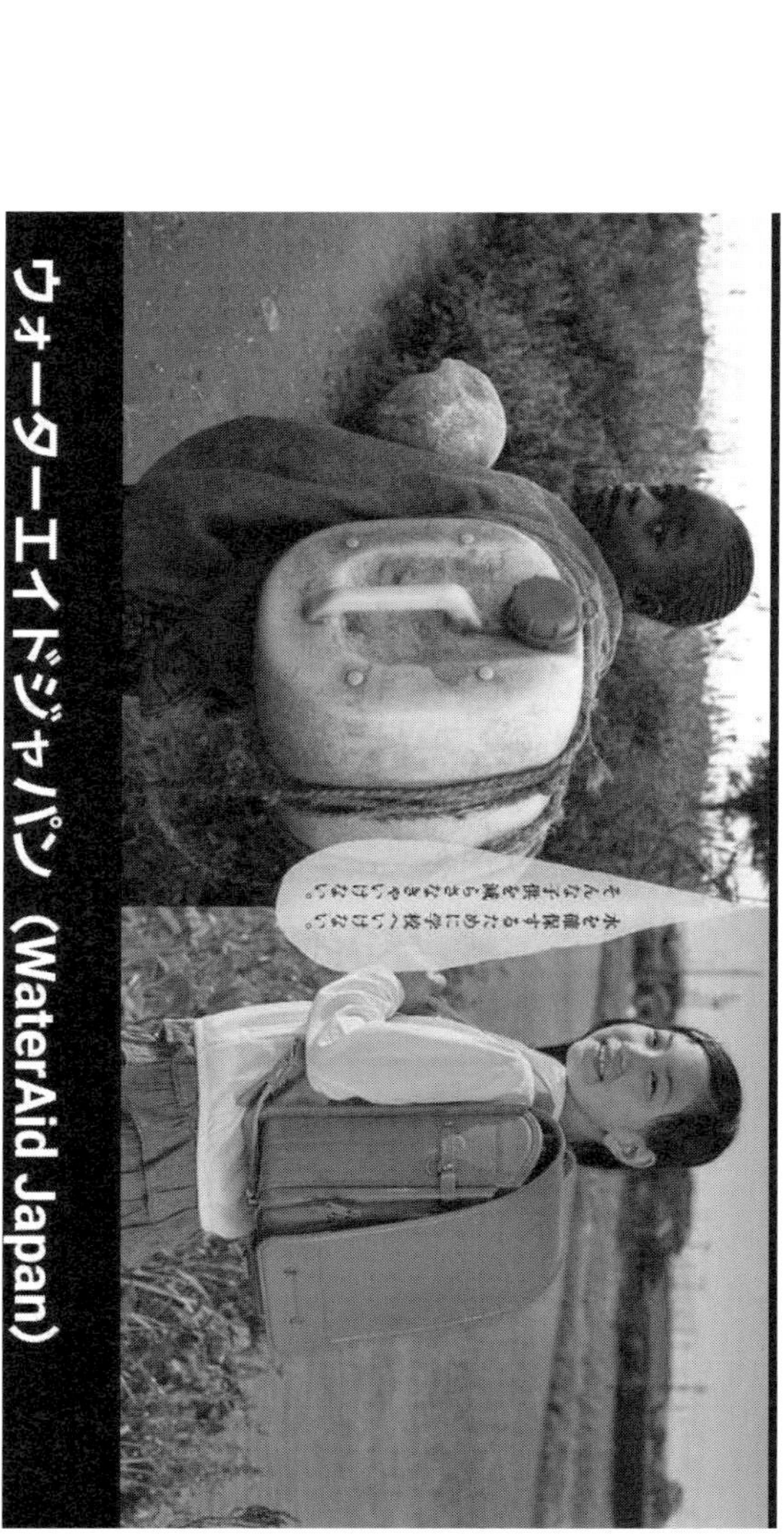
水を確保するために学校へいけない。
そんな子供を減らさなきゃいけない。
ウォーターエイドジャパン（WaterAid Japan）

代表がどんな人物なのかを見定めてもらいます。それも、朝から晩まで付き添ってもらっての「一日面接」です。短時間では気付きにくい、代表の悪い面まで見てもらおうという狙いです。この面接によって、万が一、内定を辞退する結果になったとしても、中小企業の経営者と一日を過ごす体験は、求職者にとって何らかの学びにはなるのではないかと、一二さんは考えています。

町全体をダムに。雨水を活用する取り組みを広げ、世界の未来へつなげる

経営理念に基づき新たな取り組みを進める中で、数字にも変化が見られるようになりました。利益率の改善、給与賞与の増加だけでなく、残業時間の削減、有給取得率の増加など、働き方の面でも効果が感じられます。

しかし、自社が多少成長しようが、良い雰囲気になろうが、依然として地域で困っている方はいます。そして世界には、一二三工業所が扱う「水」にアクセスできない方が多くいます。これまでは事業の周辺での社会貢献を行ってきましたが、本業を通じた社会課題解決に向けて、いよいよチャレンジを開始しました。

一二三工業所の周辺にも、多くの地域課題が存在します。シングルマザーの家庭で、母親が出かけている間にエアコンが止まってしまい、自宅にいた赤ちゃんが熱中症で亡くなるという出来事がありました。単身高齢者の孤独死なども、増加しています。これらのことは、地域企業として日ごろからもっと地域との関係性があれば、未然に防ぐことができたのではないか。一二さんはそう考えるようになりました。

その他、自然災害にも目を向けました。一二三工業所の周辺には一級河川があります。もし決壊すれば、10m近く水没する可能性があるエリアです。大雨時、この河川からゆっくりと排水する設備ができれば、リスクを軽減できるかもしれません。また、上流では林業の衰退が進んでいます。流域内部で間伐材の利活用が進めば、森林環境を保全し、大雨時の土砂流出を防ぐことにつながるかもしれません。

このような視点から、一二さんは、「天水（あまみず）プロジェクト」を開始しました。まずは、「関西雨水市民の会」と連携し、毎月の啓蒙イベントを実施。有識者の講演会を行っています。そこで興味を持ってくださった地域企業には、雨水タンクを設置してもらいます。町に多くの雨水タンクを設置することで、町全体をダムにする計画を進めているのです。2023年度には、地域で100の雨水タンクを設置することを目標にしています。雨水タンクを設置する際には、地域の防災に関する企業と連携し、地域企業が各エリアでの防災拠点となるよう配慮しています。

また、地域行政とも連携し、各小学校での環境学習の授業を行っています。すでに「関西雨水市民の会」によって、大阪府八尾市のすべての小学校で授業が実施されました。その内容を他の地域でも活用し、さらに広めていきたいと考えています。2025年度には、地域の小学校にも雨水タンクの設置を開始できるよう、雨水タンクメーカーと連携し、安全な設置方法について協議をしています。

町全体をダムにする取り組みを通して、地域コミュニティを形成し、地域課題の解決のためのプラットフォームにすることを目指しています。さらに周辺の地域へと取り組みの輪を広げ、流域全体でこのプロジェクトに取り組めば、町ダム構想がより現実的になっていきます。流域エリア全体で、森林から海までをつなげた水循環モデルを形成し、雨水の利活用を社会全体に啓蒙していきたいと、一二さんは考えているのです。

一二さんの夢は、日本全体が雨水の活用を行う国になり、世界に展開すること。世界に日本の天水（AMAMIZU）を輸出し、これまで世界最大規模に水を輸入してきた日本が、世界の水リスクに貢献していく国へと180度転換することです。

社員を輝かせることが、地域や世界の課題解決につながる

SSC評議審査員　天明　茂

一二三工業所は、創業記念日や設立記念日の縁から、平和な社会づくりへの思いを初代から受け継いでいることを心に刻んでいます。現代表の一二さんは、先代の事業への思いをしっかりと引き継いだ上で、会社の規模を大きくさせるより、お客様だけでなく、社員のため、地域のため、人々に喜んでもらえる会社にしようと考えているのです。

社員に喜んでもらうという点で特徴的なのは、一二三工業所の採用の仕組みです。一般的に、採用時は会社が応募者を面接しますが、一二さんは、会社を応募者に選んでもらうという考えのもと採用プロセスを設けています。

これまで会社と社員の関係は、「社員は会社に貢献し、会社は社員を使って業績を上げる」というも

のでした。しかし、最近は大きく変わろうとしています。会社が社員の幸せを応援する時代になってきています。一二三工業所はこれを先取りしていることが応募者の採用の姿勢に表われているのです。社員を輝かせるために会社がある。社員が輝けば会社が輝き、会社が輝けばお客様や地域が輝く。社員を第一に据えている一二三工業所では、会社のビジョンや存在意義も社員みんなで決めていく会社を目指しています。まさに「会社のみんな化」と言っていいでしょう。

地域に喜んでもらうという点では、「町全体をダムにする」という大胆な発想が印象的です。水道工事の事業だけを見ていたら、「天水プロジェクト」のようなアイデアは生まれません。一二さんが日頃から、地域のために何ができるかを考え、幅広い視点で自社の事業を捉えているからこそ、このような斬新なプロジェクトにつながるのでしょう。町の水道工事屋さんでありながら、地域を超えて、日本や世界の水資源の問題を考えている。この着眼点と行動を見習うと同時に、ぜひ応援していきたいと思っています。

誰もが自分らしく働ける環境をつくり、「ありがとう」の循環を

株式会社ラポールヘア・グループ（宮城県）

「オープンしてくれて、ありがとう」

震災をきっかけに、宮城は石巻で始まったラポールヘア。

震災地に対して、経営者として何ができるのかという早瀬氏の葛藤に始まった。

働く場所や子どもの預け先を失った子育て中の女性美容師に働く場所を創りたいと、早瀬氏は、子育てや介護といった一種の働きづらさを抱えていた人を集めた美容室を創った。

震災直後に始めたこの活動に対して、
地元の声は必ずしも歓迎のものばかりではなかった。
「今、それどころじゃないだろう」

そんな声を叩きつけられることもあった。
しかし、早瀬氏は変わらず、ひたすら美容院を開くため、場所の確保に走った。
その想いが事業展開へつながり、全国、そして世界へと広がっている。
今や、数百名の雇用を生み出し、東北の各地域からも称賛の声が上がる。

活動拠点としては都市部に移したほうが、事業上の効率は良いのかもしれない。
しかし、早瀬氏はその登記場所を石巻から変えようとはしない。
それは、石巻に納税でも還元するためだ。

東北に多くの機会と場を創り出した早瀬氏は、
きっと、経営者として、多くの見えない信頼や共感という贈り物を、
それぞれの地域から受け取っていた。

被災地における社会課題に向き合うことから全国・ASEANでの事業展開へ

株式会社ラポールヘア・グループ（以下、ラポールヘア）は、2011年7月に東日本大震災の最大被災地である宮城県石巻市で創業された会社です。2023年4月現在、県内外で44店舗を展開しており、美容室という事業を通して、「時間に制約のある女性」の雇用機会の創出に注力しています。地方地域を中心に展開し、中高年世代を主なターゲットにしている企業です。

最大被災地の1つである石巻で創業したのは、震災前は石巻市だけでも約1000店あった理美容室のうち、500~600店が津波で流されてなくなったことを目の当たりにしたことがきっかけです。その結果、多くの美容師が突然働く場所を失いました。特に、震災によって働く場所や子どもの預け先を失った、子育て中の女性美容師の雇用機会を創出したいと考えました。そのため、保育士などの託児スタッフ常駐の無料キッズルームを併設した美容室を展開。働く側に寄り添ったシフト制を導入し、働く場所と子どもを預かる場所を提供しました。

このように早瀬さんは、被災地が直面していた働く場の創出という課題や、美容業界に長く携わってきたからこそ見えていた社会課題に取り組むため、ラポールヘアとしての美容室立ち上げを決めたのです。また、日本の中でも社会課題集積地域といわれるようになった被災地から生み出した事業を成長させることは、ひいては日本全国における地方地域の社会課題解決にもつながり、社会的インパクトを拡大していけると考えました。


現在ラポールヘアは、全国44店舗で240人を超える美容師が働く美容室グループに成長しています。創業した当時の、「被災地の課題は、日本全国における地方地域の社会課題とつながっている」という考えは、創業から12年経った現在、その通りになっています。

理美容業界における「働き方」の常識を変え、フレキシブルな就労の仕組みを取り入れることによって、特に女性のライフステージが変わっても働き続けることができる環境を実現しています。また、美容室の新たなマネジメントの在り方として、店長をおかず、店舗のスタッフの主体性を信頼しながら、チームワークを重視し、みんなが長く働きやすくなる仕組みも構築しています。

ラポールヘアは、単身高齢世帯が増えていく日本において、将来的には地域社会のセーフティネットが届かない層にも「美容室」という場やサービスを通じて地域に貢献していきたいという想いを持っています。その結果として、より多くの「ありがとう」を循環していけるような事業体を目指しています。

また、日本で培った、多様な制約を越えて働くことを実現できる美容室としてのノウハウは、他新興国でも活かすことができると考えています。現在、ＡＳＥＡＮ地域における美容室事業の展開も準備が進められています。

理念

一、常に顧客に対するサービスの向上に努め、高い技術と心のこもったサービスを提供します。
一、それぞれの地域に根差した価値を提供し、社会に必要とされる存在になります。
一、すべての美容師が幸せになれる社会を目指します。

最大被災地である石巻での創業

２０１１年５月、代表の早瀬さんは初めて被災地を訪れました。当時、東京で美容室事業を展開する上場企業の役員であった早瀬さんは、震災をきっかけに、同年４月に会社を退職。被災地の状況を把握すればするほど、経営者としての経験を活かした自分だからこそできる被災地復興の在り方について考えるようになり、石巻市にラポールヘア一号店をつくることを決意しました。

当時の被災地における社会課題は、「いかに仕事（収入を得る機会）を再開し、生活をもとに戻すか」でした。２０１１年当時は、緊急支援や復旧の段階であったために、新規の事業立ち上げに関わる助成金や補助金、行政の支援などがあまり整備されていませんでした。早瀬さんは、被災地域の復興への想いを持ち、地方が抱える人口減少社会、人生１００年時代の社会課題に対して美容室事業で取り組んでいく方法を考え、行動に移しました。

絆・東日本大震災復興支援美容室
RAPPORT HAIR
がんばろう石巻!
カット ¥1,500
2011/10/01

知り合いもおらず、土地勘もない中での石巻市での創業は、多くの課題に直面しました。事務所にする場所がなく、被災していた石巻市役所の一角でスタッフの採用面接を行い、ようやく見つけた物件を借りて、２０１１年10月1日に一号店をオープンしました。オープン初日には、開店の１時間も前からたくさんのお客様の行列ができ、開店時間を早めたほどでした。開店を待っている間や待ち合いスペースなどで「生きてたのね！　会えて良かった」と声を掛け合う言葉があちこちから聞こえてきたといいます。

ラポールヘアの創業の地は石巻市ですが、早瀬さんは現在、日本の美容室業界における働き方への課題を解決することを目指しています。結婚・出産・育児・介護など、ライフステージの変化や身体への影響なども受けやすく、働き方に制約が生じる女性は数多くいます。「女性が自分らしく働き続けられること」は、被災地域だけの課題ではなく、ジェンダー格差の大きい日本が長年抱えてきた課題であり、美容業界においても認識はされていても、誰も取り組みをしてこなかった課題でした。

女性が自分らしく働き続けられる環境づくり

美容室業界では3年で8割以上が離職するといわれますが、ラポールヘアには創業時から働き続けているスタッフが多く在籍しています。

ラポールヘアではほとんどの店舗でスタッフも利用できる託児スタッフ常駐の無料キッズルームを併設しており、小さな子どもがいる女性美容師も安心して働くことができる環境づくりをしています。

実際に、ラポールヘアでは200名以上の子育て世代の女性美容師が活躍しています。創業からの12年で、収入が増えたことや産休が取りやすいということもあって、結婚や出産をしたスタッフもたくさんいます。

また、結婚・出産・パートナーの転勤などをきっかけに仕事から離れ、ブランクのある美容師も積極的に受け入れており、仕事に復帰しやすい環境づくりや他スタッフによる研修なども行っています。こ

れにより、約20年の就労ブランクがある女性も美容師として復帰しています。復帰した女性たちは就労による収入獲得だけでなく、表情が明るくなるなど心境の変化もあるそうです。

石巻市で創業し、主に地方地域において女性が働くことへの制約に向き合った結果、ラポールヘアでは、子育て中の女性だけでなく「介護なども含めたケア労働による時間制約がある人」「学歴や年齢などを理由として就労機会を得にくい人」など、さまざまな制約を抱えている人が自分らしく就労し、働き続けられる環境を提供できるような工夫に取り組んできました。フレキシブルな就労の仕組みや、美容室の新たなマネジメントの在り方などを創造し、先駆的な美容室事業を開拓しています。

「働く」ニーズは年齢と共に変化することもあります。ラポールヘアには、50代、60代の美容師も多く在籍し、スタッフの3割は50－60代です。身体の変化やお客様の高齢化で客数が減るなどして、個人経営をしていた自身の美容室を閉じて、ラポールヘアで働き始めた美容師もいます。50代、60代の美容師の存在は、ラポールヘアが主なターゲットとしている同世代、あるいは少し上の世代のお客様に対して安心感を与えます。60代スタッフの中には、月収25万円以上の収入を得ている方もいますし、自身の体力に合わせて勤務時間を減らして働いている方もいます。

ラポールヘアは、「働き方」において社会の常識を変えることによって、全国での店舗展開を実現してきています。被災地での創業をきっかけに、女性がライフステージの変化の中でも働きやすく、長く働き続けられる環境を整備し、より多くの美容師が幸せな人生であり続けることや、未来の子どもたちに明るい未来をつくっていくことが、ラポールヘアの使命だと早瀬さんは考えています。

人生100年時代、70歳を過ぎても働く意欲のある人は増え、健康寿命はより長くなりました。誰一人取り残すことなく、イキイキと豊かに暮らせる社会の実現のため、働く側の立場に立った働き方改革が求められています。現在の日本のシステムでは追いついていない部分が多々ある中、一社一社が本業を通していかに社会に貢献できる事業を実践できるかが求められています。

超高齢化が進む日本社会だからこその事業展開

日本の平均年齢は48歳を超えており、2050年には50歳を超えるといわれています。また、単身高齢世帯の割合も2040年には20％を超えると予想され、特に女性は男性よりも平均寿命が長いことから、女性の単身高齢世帯は24％を超えるという統計が内閣府から出ています。このような状況において、高齢者が利用しやすい理美容事業が求められています。しかし、いまだに多くの美容室は10−30代の若者をターゲットとし、人口の多い都市や乗降者数の多い駅周辺で開業し、流行りのヘアスタイルを提供する所が多いのが実情です。また、そのような理美容室で働くスタッフは、20−30代の若者層の人数の割合や、離職率が高い傾向にあります。

こうした業界の状況において、ラポールヘアは中高年層を対象として「いつでも、生活に安心なプライスで、安定した技術と接客」をお届けできることを目指しています。これを実現するには、大きく3

つのことが重要であると考えています。

まず、お客様と同世代つまり中高年層が美容師として施術を行うことです。これは、お客様は自分の年齢マイナス5～10歳の同性の美容師が施術することで安心感が得られやすいというデータに基づいています。年齢と共に髪質は変化するので、年齢に合わせたトラブルや悩みを理解してもらえる会話や技術が必要です。こうしたニーズに共感し、対応できることが重要です。先述の通り、ラポールヘアで働く美容師は年齢層の幅が広く、50代、60代も多く勤務しており、高齢のお客様でも安心して来ていただけています。

次に、行きやすい立地であることも重要です。多くのラポールヘアの店舗は、ショッピングセンターやスーパーなどの中、地域のランドマーク（学校や郵便局など）の近くや、駐車場が多く確保できる立地に出店しています。誰にとっても分かりやすく行きやすい場所に存在することで、高齢の方でも来店しやすい工夫がされています。

3つめに重要なことは、美容室に来ることが困難な方への対応です。平均寿命が延び、単身高齢世帯が増えてきている中で、ご自身の力で美容室まで来ることが困難な方が増えています。現在も、車椅子を利用されている方がお子さんなどに連れてきてもらうことも多くあります。早瀬さんは、今後さらに

社会全体としての高齢化率が上がってくると、「訪問美容」が必要とされるようになると確信していま
す。そのため少しずつ訪問美容を提供できる仕組みを構築し始めており、現在は近隣の高齢者施設など
を中心としてサービス提供を行っています。

理美容の施術は、ベーシック・ヒューマン・ニーズ（人間が生活するにあたって最低限必要とされる
もの）ではないと言われて後回しにされがちな面があります。しかし、理美容施術を提供し続けること
は、高齢者のかたがたが社会とコミュニケーションをとり、つながり続けられる機会の提供につながる
と、早瀬さんは考えています。少子高齢化・過疎化が進み続ける日本において、美容室という「場」や
「サービス」が地域社会におけるある種のセーフティネットになり得るのではないでしょうか。そのた
めには、介護や医療、生活用品の訪問提供など他社との協業も考えていけると早瀬さんは考えています。

「八方良し」の経営を追求し、信頼関係を大切にする経営

社名であるラポールヘア・グループの「ラポール」とは、心理学の用語で、人と人との間に生じる相互の信頼感や共感、良好な関係性を意味しています。ラポールヘアは、お客様や従業員だけでなく、取引先や株主、地域社会、あるいは自然環境などへの考慮も含めて「八方良し」の経営を目指し、徹底しています。

これを実現していくために、働くメンバーに対して適正な報酬を支払うことはもちろん、美容師としての在り方教育のような側面も大事にしています。働く場の提供だけでなく、長期的に自分自身の未来に意識を向けて、資産形成をはじめとするライフ・デザインをイメージできるような情報提供や環境づくりも行っているのです。特に地方地域では、社会文化的な影響から、自律的にキャリア・デザインやライフ・デザインをする意識を持ちづらい場合があります。ラポールヘアでは、このような現実を受け止め、誰もが継続的に働きやすい環境づくりだけにとどまらないアプローチを行っています。

また、ラポールヘアでは、「会社」という枠を超えたステークホルダーのことを考え、長期的に信頼関係を築きながら経営をしていくことを常に心がけています。現在、ラポールヘアは、アメリカの非営利法人による国際認証「B Corp（Benefit Corporation）認証」の取得プロセスも進めており、企業としてよりステークホルダーを意識し、利益（Benefit）を共有できる仕組みと、その実態を可視化していくことを目指しています。

「八方良し」を理念として掲げるだけでなく、具体的にその理念の実現の状況を可視化することを進めているラポールヘアでは、お客様も含めて地域社会のかたがたと常により良い関係性構築をしていくために、分かりやすいインパクトレポートの作成、発信なども進めていきたいと考えています。

課題先進国日本から、ＡＳＥＡＮへの事業展開へ

ラポールヘアの事業は、高齢化が進み、ジェンダー格差が大きい日本だからこその社会課題に取り組むモデルです。このラポールヘアのモデルは、「誰もが働きやすい環境づくり」を実現していくという面で、海外にも展開できると早瀬さんは考えています。特に新興国においては、若年層の失業率が高く、社会経済的な障壁により就労が困難な状況にある人が多いのが現実です。美容師業界においても制度面も整っていないことが多く、日本の美容師業界の歴史もふまえた、より良い業界づくりや制度整備が必要とされています。

ラポールヘアはこれまでに、ベトナムやタイでの調査や事業を進めてきました。例えばベトナムにおいては、ＪＩＣＡやＪＥＴＲＯからの支援を得てベトナム最大の美容協会や労働省傘下の組織と連携し、理美容師資格制度の整備や理美容室の衛生に関わる制度設計などの支援を行ってきました。その活動の中で、政府関係者も参加した２００人規模のセミナーを開催してきた実績もあります。また、タイ

においては、元受刑者や貧困層などをはじめとする就労困難な若年層を対象としたトレーニングセンターをはじめ、実際に働けるように美容室の開業準備を進めているところです。

海外での活動や事業展開を進める際に常に意識をしているのは、「現地の人々の主体性を大切にすること」「現地の雇用を促進すること（日本企業が現地の雇用を搾取しないこと）」という2点です。これは前述の「八方良し」の考え方に基づいており、経営者として利益を追求するだけでなく、その地域のことや関係するステークホルダーすべての長期的なWell-beingを考慮している結果です。

日本では江戸時代から続く理美容事業は、技術革新やＡＩの普及によってもなくならないといわれている職種です。一方で、約３００年続いている商いにもかかわらず、イノベーションが起きていない業界でもあります。理美容業界においては、技術革新ではない「働く人、関わる人のWell-beingの追求」こそが、イノベーションにつながるという確信のもと、早瀬さんの国内だけでなく海外も含めた挑戦は続いていきます。

未来の創造は、人の創造から

SSC評議審査員　泉　貴嗣

ラポールヘアは、東日本大震災という非常に大きな社会問題をきっかけに創業されました。そのため、事業そのものが社会と向き合っていることを強く感じます。

企業が社会に提供する価値には、大きく2つがあります。1つは、事業そのものが提供できる価値です。ラポールヘアでは、超高齢化社会を捉えた高齢者向けの美容室、訪問美容、さらには地域のコミュニティとしての役割を果たすことなど、自社の理美容事業が社会課題の解決へとつながっています。

また、理美容業界では、ラポールヘアの取り組みに追随しようとする他の事業者も出てきているようです。つまり、ラポールヘアがこの事業を始めるまでは、理美容業界が発掘することができていなかった価値を、新たに見つけ出したということができます。ラポールヘアは、単に人を美しく装うだけでなく、社会課題解決と理美容を組み合わせて、業界に新たな領域を開拓したパイオニアなのです。

もう1つの価値は、社内のマネジメントによって間接的に社会に提供する価値です。ラポールヘアでは、さまざまな年代の美容師を起用したり、制約のある人たちが働きやすい環境を整えたりすることで、労働力不足を解消し、女性のキャリア構築の問題にも取り組んでいます。

日本は先進国と比べて、30代、40代の子育て世代の女性の就労率が低い傾向があります。どんなに企業が発展しても、女性が理不尽な選択を突き付けられることによってキャリアや所得を諦めなければならない状況が続けば、社会全体が維持できなくなってしまいます。女性が自分らしく働き、望み通りに生きられる社会を目指すことは、１００年、２００年先の未来を創造することにつながるでしょう。ラポールヘアのように、女性の思いにしっかりと寄り添ったジェンダー格差の改善を、他の企業でも積極的に取り組んでくれることを願います。

街が持つ歴史や想いを大切に、新たな価値を生み出していく

東邦レオ株式会社（大阪府）

時と共に変化する「生活環境の向上への貢献（Living Environment Organizer）」を実践する

事業を変える挑戦。
組織を変える挑戦。
しかし、柱となるミッションは変えない。

60年の経営の中で、
東邦レオはその取り組みも、
組織の形も大きく変化させてきた企業だ。

2代目である橘氏は、断熱建材のメーカーから
「緑化事業を含む街づくり事業」へと。

さらに、3代目の現社長である吉川氏は
「場所の価値を見出し、
人のかかわりを創るコミュニティ・ディベロップメント事業」へ。

共に働く社員、地域の皆さんと関わり、向き合う中で、
企業としての組織の在り方にも挑戦してきた。

多くの人と想いを積み重ねてきた経営理念は、
「仕事を通じて己を磨き、感動ある豊かな人生を築きあげよう」。

第一に社会への貢献を追求する東邦レオの挑戦は続く。

緑を通じて、心地良く、長く愛される街をつくる

東邦レオ株式会社は１９６５年設立の老舗企業で、現在代表取締役を努める吉川さんは３代目の社長です。元々は高度成長時代にコンクリートの建物が増えてニーズが高まった断熱建材の製造・販売・施工を行うメーカーでしたが、建設市場で培ったノウハウを土壌改良へと応用、緑化関連事業部を設立し屋上や壁面、街の緑化に取り組んできました。時代に合わせて事業内容を変化させ続けてきましたが、一貫して街づくりに携わってきた企業です。

現在は「Produce」「Organizer」「Environment」「Living」の４つの分野を事業領域と定義し、ＡＩやロボット時代を見据えた研究開発や緑化空間の維持、空間の設計やデザインのほかイベントの企画や運営までを事業範囲とし、ハードとソフトの両面から、居心地の良い街づくりを追求しています。

具体的には、緑地空間設計のためのインフラ技術の開発、外壁や屋根の外断熱に関するテクノロジーの提供、戸建住宅の屋上やバルコニーをリビングとして活用するための施工やアフターサポート、住宅

分譲地のプランニング、集合住宅や商業施設・公共施設などの緑化や植栽管理、建物の屋上緑化や壁面緑化による空間の付加価値向上など、事業内容は多岐にわたります。

近年力を入れているのは、街や建物が今持つ魅力を大切にした上でより価値を高めるコミュニティ・ディベロップメント事業です。登録有形文化財となっている築90年の邸宅を「ｋｕｄａｎ　ｈｏｕｓｅ」としてリノベーションし、展覧会やイベントの場として活用するなど、賑わいを創出する取り組みを実施しています。

東邦レオが定義する「グリーン」という言葉は、植物や緑という意味にとどまらず、ライフスタイルや働き方、街の在り方や環境への姿勢など広い意味が込められており、オフィスや住宅、マンション、団地、商業施設まで人々が過ごす場所の基盤をつくり続けていくことをミッションに掲げています。

社是
吾々は社業を通じて
社会に貢献することを
第一の生き甲斐としよう

都心の「隙間」に賑わいをもたらし、新たな価値をつくる

多岐にわたる事業を展開している東邦レオが目指す方向性のひとつが、モノである不動産そのものは持たないディベロッパーです。Ｕｂｅｒはタクシー自体を持たないタクシー業、Airbnb は宿泊施設を

持たない宿泊事業であるのと似たイメージで、見逃されている場所の価値を見出し、賑わいをつくることで場所の価値を上げる「コミュニティ・ディベロップメント」に取り組んでいます。自社で莫大な資金や土地を持たずとも世の中に大きなインパクトを与えられる事業です。

そのプロジェクトのひとつが、三菱地所が保有しているビルの間の狭い土地を活用して２０２２年に開業した「Slit Park」です。場所は有楽町の一等地なのですが、元々は駐輪場として利用されていた薄暗い印象の路地で長さは約6メートル。名前通り「隙間」のような空間でした。この場所を緑化するだけでなく躍動感を演出するアートを設置し、Ｗｉ‐Ｆｉや電源、バーや日替わりのキッチンカーを設けて、近隣施設を利用する方が立ち寄れる場所としてデザインしています。通り抜けできる通路としての役割は維持しながらも、賑わいのある場所へと変化させました。

この事業に参画したきっかけは、元々三菱地所が進めている有楽町エリアの再開発に関する意見交換の場に、社長の吉川さんが参加したことにあります。三菱地所の方と共に街歩きをした時にこのエリアに可能性を感じ、路地裏の利活用の提案を行いました。幅の細い通路というこの立地ならではの特性もあるため、安全面への配慮なども大切にしながら、将来のお客様の視点で設計の修正や提案を行い、関係各所との調整を経て開業に至りました。

Slit Park は場所のデザインにとどまらず、さまざまなゲストやＤＪを招いてアートや音楽などのイベントを開催しているのも特徴的です。これは、従来からオフィスビルを利用しているオフィスワーカーだけでなく、これまで街に来たことがなかった人たちも参画しやすい多様な空間をつくるための取り組みです。

イベントの実施にあたっては、三菱地所が策定するエリア全体の街の在り方「Micro STARs Dev. ～街の輝きは人がつくる～」「有楽町アートアーバニズム」を軸に、屋外かつ共用部である Slit Park だからこそできる、人の交わりが生まれるアイデアを実現しており、オフィスワーカーと新しく訪れる方、両方にとってためになるものを企画しています。

東邦レオは創業当時、イベントの企画や運営をする会社ではありませんでしたが、アイデアの種はさまざまなところにあります。Slit Park ではエリアの軸に結び付く「表現者」とのコミュニケーションを増やして、普段会話しているオフィスワーカーとリンクする部分をいかにつくるかに注力しています。

現在、Slit Park ではオフィスワーカーたちがランチで訪れたり、短い休憩時間に外の空気を吸ってリフレッシュをしたりしているほか、面談やアイスブレイク、来訪者の出迎えや打合せなど、ビジネスシーンでも利用する姿が見られます。現地の運営スタッフと会話で息抜きをして仕事に戻るオフィスワーカーの姿もあり、この場所だからこそのコミュニケーションも生まれているといえるでしょう。イベントの参加者からは「まさかこんなオフィスの隙間でやっているとは思わなかった」という驚きの声や、オフィスが立ち並ぶ有楽町の路地に広がる緑の空間を見て「やっぱり緑があると落ち着く」といった声が聞かれます。

道幅が狭いSlit Parkだからこそ、イベント時はゲストと参加者の距離が近く、関係性が曖昧になり新感覚の体験ができます。この場所で実施したファッションショーでは、「モデルとお客様の立場を逆転する」をコンセプトとし、ダンサーをモデルに起用しお客様が携帯電話で参加するファッションショーを企画しました。屋外だからこその開放感と狭いスペースだからこその距離感や臨場感が、参加者の気持ちを高めているといえるでしょう。

地元の思いを大事に、地域の良さを引き出す

日本では、これまでスクラップ＆ビルドの考え方で、古くなってきたものを壊し、新しいものをつくるということが繰り返されてきましたが、東邦レオでは、歴史ある風景があるからこその新しい街づくりや、地元で愛され続けたものを活かす取り組みを重視しています。

東邦レオは２０１９年より、香川県にある父母ヶ浜の指定管理と海水浴場施設「父母ヶ浜ポート」の運営を請け負っています。この場所は非常に静かで穏やかな干潟ですが、23年前に工場用地としての開発が決定しました。しかし、住民3名が反対し賛同者を増やしたこともあって建設が中止となり、それ以来地元の方たちがボランティアでゴミ拾いに取り組み美しい景観を守ってきた、という歴史があります。

以前の来場者は年間5万人ほどでしたが、現在はＳＮＳで「日本のウユニ塩湖」として話題を呼び、年間50万人以上が訪れる人気スポットです。近年では新施設が開業しイベントも実施しています。

このプロジェクトは、元々は吉川さんと懇意にしている方から父母ヶ浜海岸を紹介されたのがきっかけで、実際に社員が滞在し地元の方との交流を経て魅力を感じたことでコンペに手を挙げることになりました。一過性のブームで終わらせるのではなく、地元の方にも旅行で訪れる方にも、長く愛される場となるような活動に取り組んでいます。

一般的に、地域活性に取り組んだ結果「観光地化して人は増えたけれど、風景がすっかり変わってしまって寂しい」という声が聞かれることがあります。父母ヶ浜海岸においては、長年この場所に親しみ環境を守ってきた地元の方が利用しづらくならないよう、この場所が本来持つ魅力を損なわないように配慮し「駐車場は利用しやすいか」「収益をどのように地元に還元するか」なども細やかに検討しています。Slit Park と同様に、この場所をもとから知っている人と新たに訪れる人、両方に目を向けているのです。

地域の方の想い入れが強い場所において、外から参入した東邦レオがどのように役立てるか、受け入れられるかに課題がありました。

そこで大切だったのは、現地の実際の様子を肌で感じるということです。ゴールデンウィークや夏休みなどの繁忙期に社員が10数名運営として関わるなど、多くの社員が率先して父母ヶ浜に関わり理解することに努めてきました。社員それぞれが地元の方や地域の魅力を知り愛着を持って関わることで、地域の方に受け入れてもらえたといえます。

既存の強みを基盤とした改革で、永続的なブランドへ

東邦レオは50年以上の歴史を持つ企業であり、在籍する社員の背景や経歴もさまざまです。既存の事業で実績を出してきた社歴が20年を超えるベテランもいれば、異業種から転職した若手もいて、相互に関わり合いながら事業を推進しています。自律分散型のティール組織を採用し、中間管理職をほぼ置かず、年次やキャリアを問わないフラットなコミュニケーションを推進しており、組織としての成長や事業展開のスピードを上げています。

現在の社長の吉川さんは、２０１６年に社長に就任しました。社長交代となると既存の社員としては期待と共に不安や戸惑いがあるものですが、現在は社員全員と1対1の面談を年4回行うなど、対話を重視して個を尊重する会社づくりを進め、全社一丸となり事業を推進できる風土がつくられてきました。ここまで説明してきたコミュニティ・ディベロップメントの事業などは、吉川さんが社長になってから新たに取り組んできたものです。

また、社員が新規事業をつくり出せる仕組みとして、アイデアを持つ社員が誰でも実現したいことをアピールできる投資委員会を定期的に開催しています。採用基準は「社会におけるどのような課題を、どう解決できるか」。実現すれば会社の資金から投資を受けられます。実際に、樹木のＣＯ２吸収効果の数値化とシミュレーションができる「みどり生態系サービス評価システム」などが事業化されてきました。

近年は、多様な人材の獲得や新たな協業先とのつながりも生まれています。kudan house や父母ヶ浜海岸の施設運営が始まったこともあり、新卒採用では緑化などの専門分野に関心のある学生以外にも、ジェネラル志向を持った学生の志望者が増えました。社会起業家を多く排出しているＣＯＯＯＮと合弁会社ｍｏｃｃｕを立ち上げ、各業界でＣＳＶ経営を実践する企業や学生、若手社員、取り組みを支援したい行政や団体を発掘してコーディネーターの役割を担っています。

社長が交代後の東邦レオは大きな変革期を迎え、ものづくりの会社からブランドビジネスの会社へと変化し、事業の幅も広がりました。しかし、社長となった吉川さんはすべてを自分の考えだけで進めるのではなく「創業者や2代目の会長が、もし今社長だったならどうするか」を想像し思考した上で、自分がやりたいことをぶつけ合わせ、混ぜ合わせて形にすることを重視しています。吉川さん以降も3代目、4代目と東邦レオを持続させ続けるために、伝統を守りながらも革新を起こしているのです。

吉川さんは、創立58年という歴史がある東邦レオの場合、ブランドとは新たに考え構築するものではなく、これまでの道のりやアイデンティティを振り返って考えるべきことであり、歴史と一貫したポリシー、強い思いの積み重ねであると捉えています。

会社を変革しようとする時、名刺や看板、ロゴなど見た目の分かりやすい部分から変更する企業も多いものですが、東邦レオでは以前からのものをそのまま使用し、伝統として守るべきものと位置付けています。東邦レオという社名の「ＬＥＯ」の由来となっているLiving Environment Organizer、特に「Organize＝奉仕、貢献」の部分は、事業内容や組織体制が変わったとしても揺るがない大切なものという位置付けです。

吉川さんが社長に就任した時、社員を見ていて人を喜ばせることや一体感を持って取り組む姿勢に優れていると感じ、それが「Organize」であり現在の事業につながっていると考えました。「緑を通じた居心地の良い街づくりをしていく」という変わらない想いを軸として、今後も新たな街づくりに挑戦し続けていくことでしょう。

ミッションを受け継ぎ、常識にはこだわらない組織感を

SSC評議審査員　泉　貴嗣

東邦レオは、自立分散型のティール組織という、組織の在り方に特徴があります。会社組織は階層式で成り立つものだという、既存の概念から脱却している企業です。なぜそのような仕組みにしているかというと、東邦レオが会社のミッションに対して忠実であることが関係していると思います。「LEO（Living Environment Organizer＝人間が人間らしく生きることができる環境を創る）」という社名自体が、企業の目指す方向を明確に示しています。

世間の常識にはこだわらず、ミッションに忠実だからこそ、組織を変えることができ、組織を変えるからイノベーションができる。あるいは、イノベーションによって組織が変わるということもあるのかもしれません。結果として、ものづくりからブランドづくりへの変化へとつながりました。

香川県の父母ヶ浜の事例からも分かるように、東邦レオは地域の方が大切にしてきた魅力を損なわないように配慮し、開発を行っています。目先の利益を追うのではなく、地域のみなさんとその価値を分け合うことを考えたビジネスモデルです。浮ついた利益を追うと、オーバーツーリズムなどの観光公害が生じる可能性があります。どうすればサステナブルな地域づくりができるのか、東邦レオのミッションに対して忠実であるのかを常に考えていることがうかがえます。

このように社会の要請に柔軟に対応できるのは、やはり柔軟な組織構造も影響していると思います。組織感とビジネス感がうまくリンクするよう、それぞれをつなぐ車軸となるのが経営理念であり、先代から引き継いだ考えでもあるでしょう。東邦レオでは、3代目の吉川さんに事業承継されましたが、ノウハウやネットワークなど経済的な資産だけでなく、価値観の承継がきちんと行われていることがポイントです。

自分の代だけでなく、企業の社会的なミッションが代々受け継がれていかなければ、未来を創造することはできません。東邦レオのケースから、正しい価値観を受け継いでいくためには、戦略的に事業承継をしていくことが重要だと学ぶことができます。

「何のために」の答えを持ち、
「志」を実現する人を育てる

株式会社成基総研（京都府）

「夢は自分のため、志は世のため人のためである」

成基総研を含む成基コミュニティグループは、
徹底的に「人づくり」に取り組んできた。
60年以上、教育業界への挑戦を続けてきた。

公教育に対して、学習塾という形式で独自性のある私教育を一般のものとした。
一方的な集団教育に対して、個別学習という方法を当たり前にした。
常に、業界の次に続く当たり前を創ってきた先駆者といえるだろう。

取り組みの柱にあるのは「志」だ。
夢は個人の未来への願望。

志は、個人の願望を超えた未来への挑戦。

「将来、どのような自分になり、何を成し遂げたいか」という志を見つけ、その実現に向けて主体的に学び続けること。

このための指導を成基コミュニティグループは提供している。

教育を通して、人材育成を通して、社会を創る

成基コミュニティグループは、幼児、小・中・高・大学生、保護者、社会人を対象にさまざまな教育サービスを提供しています。会員数約1万5千人、スタッフ約2千人、拠点数約130か所と全国にサービスが広がっています。

今からおよそ60年前の1962年、創業者 佐々木雅一氏が当時の公教育に対するアンチテーゼとして、私教育=学習塾の設立というイノベーションを行いました。その結果、京都を中心として教育の考え方や在り方が変わっていきました。

現在の会長である佐々木喜一氏は、受験（合格）が目的化している私教育、学習塾業界において、そこについていくことができない子どもたちを救うために、一人一人に対応するゴールフリーの個別教育の設立というイノベーションを行いました。今や、学習塾の半数が、個別指導塾の形態をとるようになっています。

成基コミュニティグループは、教育を通して、人材育成を通して、社会を創ってきました。そしてその想いは、いつもマーケット（市場性）からではなく、その時の社会の背景や現状、課題からくる成基としての志（こうしたい、こう貢献したい）から始まっているものです。

グループ会社である株式会社成基総研は、２００８年に設立されました。これらの歴史、想いをもとに、これからの日本を、世界を創っていく人材を育成していくための商品開発、企画、実践を推進していく部門です。

２０２０年、成基コミュニティグループは、「人づくり」をベースとした『サステナブル・ソーシャル・カンパニー』を目指すことを内外に宣言。未来創造企業への挑戦を通じて、株式会社成基総研はソーシャルビジネスで社会課題を解決していくことを決意しました。

２０２０年10月、一般社団法人日本教育コーチング協会を立ち上げました。これまでは全国の教育関係者を対象として開発してきたコーチングプログラムをもとに、「パパママ・コーチング」を開発。子育てに不安や悩みを抱える保護者をサポートする取り組みを進めています。

２０２０年４月より、学校法人　足立学園　足立学園中学校・高校にて「志共育」のカリキュラムが採

SEIKI5.0に向けた教育体制整備

未来への準備、
のための準備。

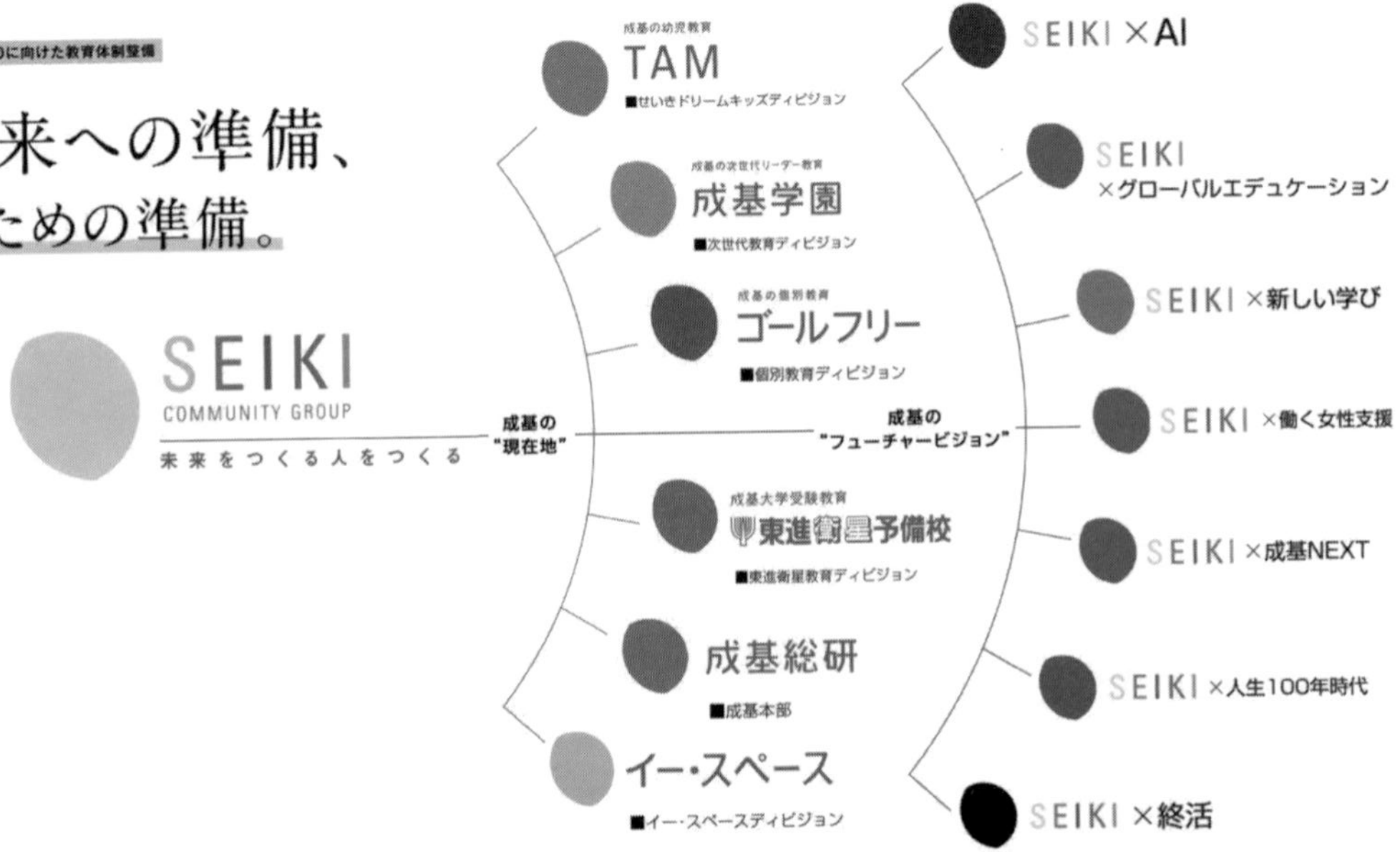

択され、全校を挙げて取り組まれています。
同時期に、海外事業部の事業として「ＳＣＧ日本語学校」を開校しました。60年の歴史を持つ学習塾のノウハウを取り入れた、新しい日本語学校モデルの構築を目指した学校です。コロナ禍のスタートであったため、なかなか生徒が集まらない苦労もありましたが、２０２３年5月現在、１７０名を超える生徒が入学し、学びを進めています。

企業理念　成基コミュニティグループグランドミッション
私たちの大いなるミッション（使命）は、
地球・国家・地域レベルのさまざまな課題に対して
「人づくり」という観点から問題解決を図ることである。
そして、自立した人間として、
仕事を通して人に喜びや感動を与えられる
能力を高め、感性豊かな本物の人間になるため、
自ら鍛え上げることである。

主体的に人生を歩むための「志共育プロジェクト」

成基コミュニティグループでは、学習塾を中心とした教育サービスを提供しています。しかし、現会長の佐々木さんは、学校の成績を上げたり、受験対策に取り組んだりするだけでは、子どもたちが幸せになることはできないと考えます。

「何のために勉強をするのか」「何のために志望校を目指すのか」「何のために生きるのか」という根本的な問いを持ち、それぞれがブレない軸を持って、主体的に人生を歩んでいくこと。ＶＵＣＡ（変動性、不確実性、複雑性、曖昧性の略称）とも称される、これらの時代を生きていく子どもたちには、そのような根本的な教育が必要です。

成基コミュニティグループではこれを「志共育（こころざしきょういく）」と名付け、２０１４年、一般社団法人　志教育プロジェクトを設立しました。現在では、子どもの教育にとどまらず、教師向けの講座や、企業用の「志研修」にも取り組んでいます。

日本では、仕事を「ライスワーク」と捉えている、いわゆる生活のため、食べていくためだけに働いている人が9割を占めるといわれています。人生の多くの時間を費やす「仕事」に対しても「何のために働くのか」という人生の目的と志を明確にする必要があります。

その他、青少年の「志」プレゼンテーション大会や、海外に「志共育」を広める活動など、さまざまなプロジェクトに取り組んでいます。

■志共育講座案

「志共育を世界に広め、そのコミュニティを創り、良い世の中を創るリーダーを顕す」これが講師養成プロジェクトの目的です。

世界200か国、日本国内1500市町村に志共育を広めるため、その核となるリーダーを養成しています。

■世界青少年「志」プレゼンテーション大会

志教育プロジェクトでは、青少年の皆さんの「志」を発表する場として、文部科学省・環境省・読売中高生新聞ご後援のもと『世界青少年「志」プレゼンテーション大会』を開催しています。２０１８年に第1回をはじめとし、２０２２年までに全5回が開催されました。第6回は２０２３年秋に開催を予定しています。

■海外プロジェクト

世界２００か国で志共育を実施し、「KOKOROZASHI」を世界共通語にする具体的な世界戦略を構築しているプロジェクトです。２０２０年2月までに、バングラデシュ、ベトナム、フィリピン、オランダ、タンザニア、ドイツ、アメリカ、ベラルーシ、オーストラリア、インド、ミャンマー等45か国で、志共育が実施されました。

■「HOKUSAI 志モザイクアート」ギネス世界記録達成

それぞれの志を紙に書き、それを撮った写真を世界から募集し、モザイクアートを作成するプロジェクトです。3万5千人分集めたらギネス世界記録になるというチャレンジに対して、４万９５４枚が集まり、２０２２年12月29日にギネス世界記録に認定されました。「KOKOROZASHI」を世界に広める足がかりの1つとなりました。

■教育プロジェクト

人生で何をなすべきかという想いがなければ、教育の成果は上がりません。志があって初めて、知育、徳育、体育の成果が上がります。教育界に志共育を普及するために開発したプログラムを使って、志共育体験会や学校・塾で講演会やワークショップを展開しています。

■企業研修プロジェクト

会社の理念に賛同し、志をもってイキイキと仕事をする社員、自律した社員を育てるために。企業研修の場でも『志共育』が必要とされています。会社全体や一部門だけでもやってほしいという要望に応えて、企業研修をやってきました。社内のコミュニケーションの改善、営業成績の向上につながったなどの反響が届いています。

特色ある日本語教育で、社会課題解決ができる「人づくり」

ＳＣＧ（成基コミュニティグループ）日本語学校は、約60年の教育事業のノウハウを生かし、日本語を学びたい海外からの就労者などに適切な日本語を指導するカリキュラムを用意しています。日本の歴史と伝統が残る京都において、日本語と日本文化を学び、卒業生が将来、日本や世界で社会活動を通して志を実現するためのお手伝いを使命としています。

成基コミュニティグループでは、設立から約60年間、「地球・国家・地域レベルのさまざまな課題に対して『人づくり』という観点から問題解決を図ることである」というミッションを掲げてきました。地球レベルの課題を解決するためには、日本にとどまらず、教育の知見を広めていく必要があります。海外から日本へ来るやる気に満ちた留学生がさまざまな分野で活躍する人になるためにサポートをすることによって、地球レベルの「人づくり」につながると考え、日本語学校設立へと至りました。

Welcome to
SCG
JAPANESE LANGUAGE SCHOOL

2020年4月1日に開校したSCG日本語学校ですが、コロナ禍と重なったことから、来日できる外国人は激減。オンライン中心の小規模な取り組みとしてスタートしました。2022年、入国可能となった国から100人を超える生徒が入学し、寮を整備するなどして本格的に運営がスタートしました。2022年8月には文化庁の事業として正式に採用され、オンラインでの生徒も増加。2023年5月現在は、生徒数170人を超える事業に成長しました。

SCG日本語学校では、スケジュールや要望に応じて3つの学習コースを設定しています。「進学2年コース」は、4月入学、2年間しっかりと日本語を学び、専門学校から難関大学合格までサポートします。「一般　1年6か月コース」は、日本社会で活躍したい社会人向けのコースです。「短期コース」は、観光ビザで登録ができる、2週間の体験コースです。

日本語の習得だけでなく、成基コミュニティグループ独自の特徴ある授業が用意されています。「何のために学ぶのか?」を考え、人生プランを見直す「志共育」。日本語を実践的に使ったり、学生と教師が共同で授業をつくったりする「アクティブラーニング」。また、成基コミュニティグループのスタッフが取得している「教育コーチング」の技法を用いて、生徒の能力ややる気を引き出すサポートも行います。

その他、成基コミュニティグループに在籍する1900人の大学生の中から、「ともだち」を紹介してもらえる「フレンドサポート」があります。日常会話をしたり、町を案内してもらったりする中で、自然と日本語が上達していきます。大学進学を希望する学生には、情報収集の機会にもなっています。

今後は、日本語習得のゴールを大学進学と位置付け、高度人材を育成する手段の1つとしてSCG日本語学校を活用してもらいたいと考えています。そのために、DXを推進するなどして教務力・進路指導力を強化し、旧来の日本語学校とは異なる新しい日本語学校モデルの構築を進めています。

さらに、アジア各地の日本語教育水準向上を目指して、現地国籍の日本語講師の育成や、オンライン授業の徹底を進めていく予定です。アジア各地の大学や高校、日本語学校等の教育機関との積極的な交流や提携を通して、さまざまな課題や問題を解決することに貢献できる「人づくり」を続けていくことを、成基コミュニティグループ、成基総研は目指しています。

企業にも家庭にも。
悩みを解決して幸福感を高める「教育コーチング」

「教育コーチング」とは、「傾聴」「質問」「承認」という3つのコーチング技法を基本として、相手の意欲や能力を引き出し、「自立」を支援する教育メソッドです。2001年に成基が開発し、受験指導に導入した初年度から驚異的な合格実績の向上をもたらしました。その結果、教育機関はもちろん、一般企業やプロスポーツ指導など多くの組織・団体で導入され、高い満足度と成果を生み出しています。

会長の佐々木さんは、それまでの人生経験と、長年にわたって学習塾を経営してきた経験から、旧来の日本における「先生と生徒」「コーチと選手」の教育傾向に疑問を持つようになりました。「ああしろ、こうしろ」という指示命令型のティーチングでは、どこかで息が詰まり、社会的な問題にもつながっていくかもしれない。言われた通りに何も考えずやらされると、子どもは考えるのをやめ、受け身の姿勢になります。大人になって社会に出てからも、言われたことだけをやれば良いと考えてしまいがちです。

自分で目的を持って「やりたい」と主体的に取り組む子どもを育てるためには、ティーチングではなく、コーチング型の指導にシフトしていく必要があると佐々木さんは考えました。この取り組みは、子ども自身の能力開発や生きやすさをサポートするだけでなく、社会課題を見つけ、自ら解決方法を考えられる人材を育てる「人づくり」につながっていくことでしょう。

公教育においては、現在全国38以上の都道府県が教育コーチングを研修に導入し、教員免許更新講座に教育コーチングをラインナップする県も増えています。

私教育においては、教育コーチングを組織として学んだ学校法人、教育関連企業が約400法人になりました。

元々は教育関係者を対象としていた教育コーチングですが、さまざまな業種の企業や金融機関での研修としても取り入れられるようになりました。社員間のコミュニケーションにおいて、コーチングのメソッドが活用されています。

さらに2021年1月には、子どもを持つ保護者を対象とした「パパ・ママコーチング講座」を開校しました。親と子どものやり取りにもコーチングを取り入れることによって、子育ての悩みを解決するサポートができるのではないかと考えたのです。

パパ・ママコーチング講座は、幼児から高校生の子どもを持つ保護者を対象に、オンラインで開催しています。

「子どものことを思って注意をするが、反抗ばかりされる」「子どものやる気の引き出し方が分からない」「すぐ感情的になってしまう」という悩みを持つ保護者は多くいます。コーチングを学ぶことによって、子どもの心理状況への理解が深まり、叱る時も冷静に、適切な言葉かけができるようになるなどの効果が得られます。子どもへの愛情、信頼、尊重の気持ちを伝える機会が増えれば、幸福感が増していくでしょう。

教育コーチングによって親の接し方が変わることにより、子どもにも良い変化をもたらします。勉強や習い事などに、目的意識や向上心を持って主体的に取り組むようになったり、親からの愛情を実感することで自己肯定感が高まり、課題に挑戦するエネルギーを得たりする効果があります。

社会課題解決のために、大人たちにも志を

SSC評議審査員　泉　貴嗣

成基総研は、教育事業という本業そのものの社会性が高い企業です。社会の運営は、人づくりに始まって人づくりに終わるといっても良いでしょう。その中でも成基総研の教育事業の特色は、価値観を教育する「志共育」にあります。単に知識を教えるだけではなく、倫理観と思考力を融合して教える取り組みです。たくさんの知識を得て論理的な思考を習得しても、倫理観が欠けていては、それを悪用してしまいます。教育では、自分自身だけに意識を向けるのでなく、社会を基準とした善悪の判断ができるかどうかが重要です。志共育のような教育の指針が、さらに社会に広がっていってほしいと思います。

また、子どもたちが志を持って世の中へ出ていける社会をつくるためには、大人たちが志を持った若い世代を受け入れ、パートナーシップを確立しなければなりません。未来を創造するためには、経営者

を含めた大人たちが志を持つことが急務です。目先の利益に捉われていては、いつまで経っても社会問題、環境問題の解決には取り組めません。国や自治体が問題に取り組んだとしても、企業が動こうとしなければ問題は解決しません。

成基総研では、企業研修にも志共育の考え方を広げています。さまざまな企業が参加できる環境を用意し、大人の志をどう育てるかが、今成基総研が持つべき課題です。

大人が志を持つにあたって重要なのは、経営者だけでなく、一人一人が「何をするべきか」を考えることです。社会課題解決を目標として事業を進めていくためには、年齢の違いや、上司や部下といった役割にかかわらず、すべての人が志を持つ必要があります。

子どもと大人、経営者と働く人、それぞれが志のパートナーシップを結ぶことで、画期的な取り組みが増えていくのではないでしょうか。そのための土台づくりとなるのが、成基総研が進める志共育であると考えます。

「まだ働きたい」に伴走する
共生共働の社会を

秋葉原社会保険労務士法人（東京都）

「最期の日まで、出勤してくださって構わないです」

がんの宣告を受け、心身共に大きな負荷を抱えて生きる人がいる。
秋葉原社会保険労務士法人の舂尾氏がそのことを知ったのは約4年前。
そこから、がん患者本人を社員として採用するまでに時間はかからなかった。
迷わず行動に移せた理由。
それは舂尾氏の根底にあった信念、「世のため、人のためになることをする」だ。

目の前の一人と真剣に向き合うことで、
その人の人生を、そしてその先の世の中を変えることができる。

脊尾氏は強く信じている。

一生懸命に生きる人と、その人が選んだ「生き方」を最期の瞬間まで共に歩む。

脊尾氏の覚悟は、共に働く人の人生を変え、

そしてその変化は多くの人の心を動かしている。

メンタルヘルスの観点で始めた事業から、必要とされる会社づくりへの挑戦

秋葉原社会保険労務士法人は、精神科や企業のメンタルヘルス対策の考え方を基盤に発足した法人です。「世のため、人のためになることをする」という理念のもと、「共生共働の社会の創造」を目指しています。代表の脊尾さんは、精神保健福祉士という資格を持つ、メンタルヘルスに精通した社会保険労務士です。

企業に対しては、法律の理解や運用だけではなく、企業が目指す世界観を労務管理や就業規則をいかに形にするかを目指しています。就業規則は、会社のルールブック、業務マニュアルという視点に加えて、経営者のメッセージという意味があります。特に経営者のメッセージは、法律で決めることはできません。現在はそれに加えて「社員からのメッセージ」という視点を加えています。「労使関係」というと対立的なイメージになりますが、「役割の違い」とするならば、同じ目的に向かって取り組む共同体です。そのような考え方ができるよう、加えるようにしました。

社会保険労務士には、解雇や雇い止めなどに関する相談と、その対応に関する相談も寄せられます。解雇されたかたがたにも人生があり、退職しても人生は続いていきます。そのかたがたが退職後どうなるのか？　という想像もしながら関わっています。会社にいる間だけではなく、その場にいなくなってからも存在する人たちのことを考えることが必要です。

企業理念

理念（philosophy）
『世のため、人のためになることをする』
使命（mission）
『共生共働の社会を創造する』

創造したい未来（中長期 vision）
『希望を見い出し、可能性を試せる社会へのチャレンジをする』
『社員自ら、人に寄り添い、人から学び、やさしさをおくる人となり、誰かのために情熱を注ぐ』

「まだ働きたい」と願う、がん患者さんの雇用

２０１９年に、がんサバイバーの方と話したことをきっかけに、がんに罹患している方が苦労していることについて聞きました。将来への不安や孤独感など生きるために治療をするのに、今後の不安も払

拭できない状況ではさらに体調は悪化していくのではないかと気付きました。

そこで、秋葉原社会保険労務士法人が受託している給与計算業務を活用して、がん患者の方を雇用できないかと考えました。業務をフォローするための社員2名を採用し、在宅で仕事ができる仕組みを構築しました。

2019年3月に「雇用をします」とSNSを通じて発信しました。その時に多くの仲間がSNSをシェアしてくださいました。その一人が、キャンサーペアレンツという団体の方をご紹介くださったことから、水戸部裕子さんというがん患者さんの雇用につながりました。

水戸部さんは、2018年に肺がんステージ4の告知を受け、まもなく離職。手術もできない、放射線治療もできないという現実に直面し、一時は生きる気力を失うほど落胆し、悲しみと不安を抱えていらっしゃいました。そんな中、同じようにがんと闘っているかたがたとの出会いをきっかけに、「笑ったり、好きなことをしたり、仕事をしたりしながら、人間らしく生きたい」という気持ちを強く持つようになり、秋葉原社会保険労務士法人のがん患者としての求人に応募されました。

冒頭の言葉は、採用面接の際、代表の脊尾さんが水戸部さんに伝えた言葉です。数時間にわたって脊尾さんは水戸部さんの思いを聞き取り、寄り添いました。お互いに涙を流しながら、「最期まで働きたい」「働き続けてほしい」という約束を交わしました。

水戸部さんの業務内容は、給与計算業務とホームページのブログ執筆です。給与計算は給与の締日と支払日が確定しているため、治療との組み合わせがしやすい業務です。ブログ執筆は、水戸部さんの体験を多くの方に知ってもらうことで、同じように病気と闘う方や、その周囲の方の役に立つのではないかと思い、脊尾さんから依頼しました。このブログがあるラジオ局の目に留まり、人気番組内で、がん罹患者本人の体験談として取り上げられることになりました。その後は大手新聞社、テレビ局、学術団体などからも声がかかるようになりました。

ブログの内容をより多くの人に届けるため、約2年にわたり綴られたブログの内容を書籍化するプロジェクトも進められました。２０２３年4月17日に発行され、がんや病気と闘っている方、病気の家族を抱えている方、患者や障害者などの雇用を考えている企業などから大きな反響が届いています。書籍のタイトルは『がんなのに、しあわせ』。水戸部さんは書籍の中で、秋葉原社会保険労務士法人で働くことについて次のように語っています。

がんなのに、
しあわせ
どんなときも、
自由に、自分らしく生きる

2020
SSCコンサルタント
2020
未来創造企業
認定証

「進行がんを患いながら、新しいことに挑戦しやすい環境は本当にありがたいものです。代表の脊尾さんのおかげで、新たな人との出会いが沢山あり、刺激をいただき、自分には何ができるかを考え、見つめ直し、仕事やプライベートに関わらず、わたし自身で新たな世界を切り拓くこととなりました。（中略）わたしにとって、ここ秋葉原社会保険労務士法人は、自分を磨ける場所となりました。それは、脊尾さんの想いや人柄、そして、社員の皆さんのやさしさや責任感に支えられてのこと。人の奥深さや本質を知り、自分を信じてあげることが、やっとできるようになり、成長させていただきました。」

水戸部さんは、最近では請求書業務統括管理や、未来創造企業の協働の取り組み「社員シェア」にも加わっています。自社を超えて、想いを共にする異なる企業で、社員が貢献する山梨県の調剤薬局と連携し、地域へ向けたニュースレター制作の仕事も始まっています。そのニュースレターの効果はすぐに出て、地域で新たな取り組みにつながっているそうです。さらに、自身で「がんサロン」を始めるなど、新たな仕事に挑戦する姿は人に勇気を与えています。

地域の学生の雇用と地域活動の展開

背尾さんは、2020年、地元千代田区を、まるごと職業体験の場として活用する取り組み案を発表しました。まるごと職業体験とは、千代田区の企業にインターンとして学生を迎え、職業を体験してもらう取り組みです。社会に出る前の学生にとって、実際の企業での体験が将来に活きると思ったからです。

脊尾さんは以前、クリニックの精神科でソーシャルワーカーとして勤務していました。その経験から、幼少期の体験が、良くも悪くも将来に影響を与えることがわかっていました。企業では、独創性があったり、個性が際立っていたりする人が重宝されます。同時に協調性のある行動も求められ、それらが自分にできるかを試すことで、将来の自分の活躍がイメージできるはずです。

また、保護者にとっても身近な企業を知る機会にもなります。多様な働き方や生き方が尊重される時代において、地域の企業を知ることは、キャリア選択の一つにつながります。まるごと職業体験は、最終的には、親でもなく友達でもない、第三者の年上の人である「ナナメの関係」を地域につくることで、豊かな人生を送るためのインフラにします。

この取り組みを聞いた地元の方の息子さんが関心を示し、秋葉原社会保険労務士法人にアルバイトとして入社しました。現役の大学生で、地域活動と社会保険労務士業に関心があるとのことでした。入社後は社会保険労務士業務の一部を担当するだけでなく、「ちよだコミュニティラボ」という千代田区のコミュニティでの活動にも参加し、千代田区の未来を考える活動をしています。

「ちよだコミュニティラボ」とは、千代田区に住む人、働く人、学生たちが支え合えるコミュニティをつくるため、さまざまなプログラムを実施していくプラットフォームです。千代田区を、暮らす場、自分を活かす場として豊かにする活動を始めている人たちが、さらにそこから新しいつながりが広がり、新しい活動をしています。

他にもこの学生とは、社会保険労務士業務にとどまらず、外国籍の方の労働環境に関する相談窓口を設けようと企画したり、コロナ禍には飲食店に向けたサービスを検討したりもしていました。彼が入社することで千代田区のコミュニティとの接点が増え、現在は千代田区のアーバニストとして千代田区の未来を創るメンバーにも選ばれました。

また、別の学生はインターンで秋葉原社会保険労務士法人に数か月関わりました。体調の波があり、学業に専念できない状態があったその学生には、社会保険労務士業務の一部に関わってもらいました。他にも、途中退学した方も含め、インターン生として数名を受け入れてきました。高校生が参加する場合もありました。就業規則を絵にするプロジェクトに参画してもらったり、レシートや領収書をデータ化し、仕訳入力をしてもらう実習も提供したりしています。これからの時代を担う若い方に、秋葉原社会保険労務士法人を通して積極的に出会いを創ってほしいと、脊尾さんは考えています。

がん患者専用の人材紹介事業

１００万人いるといわれるがん患者のうち、約23万人は中小企業の社員だと想定されています。病気や障害というものは、誰しもいつ自分に発生するか分からないことです。しかし、一旦病気や障害を抱えると働くことが難しくなる現状があります。障害のある方は手帳を所持していれば障害者雇用という枠組みで就労につながることがありますが、それに当たらない層はその枠には入れません。また、がんによって離職した人には、現行の社会保障制度ではフォローがされにくい部分があります。

がんは二人に一人が罹患する病気といわれていますが、就労と治療を両立しているのは三人に一人と聞きます。では、残りの二人はどうなっているのでしょうか。高齢でもう働く気持ちがない方は人生の最後を自分の思うように過ごしたら良いですが、課題があるのは「まだ働きたい」という層です。がんは常に体調が悪いわけではなく、波があります。その波に合わせて業務を創ることができれば、がん患者の方の活躍の場になると考えています。

秋葉原社会保険労務士事務所
のがんアライ宣言
がんアライ部
1. 私たちは、がんに罹患しても
働き続けられる社会であることを望んでいます。
2. 働くことを通じて
「生きる」を支援します。

働くことを希望するがん患者さんが会社の戦力として働けるよう、仕組みを整えることが必要です。治療や入院のための休職制度を設けたり、一度離職した方に仕事をつないだり、会社間で社員をシェアして複数社でサポートしたりするなど、がん患者さんのための人材紹介事業を進めています。

高齢経営者の、事業承継の課題を解決する事業

２０１９年の調査では、廃業・解散する中小企業のうち、50％以上の企業が黒字のまま廃業しているというデータがあります。この背景には、経営者が高齢化する中で、多くの企業に後継者が不足しているという課題があります。何らかの事情により事業を継続することが困難になった場合、会社を売るという選択肢がありますが、秋葉原社会保険労務士法人は金銭的解決ではなく、その方の目に見えない資本を活用した事業譲渡を行います。

例えば、現在の事業は後継の会社が無償で譲渡を受けます。社員がいる場合は社員の雇用を同じ条件もしくはより良い形で引き継ぎます。代表者に対しては報酬を保証し、日々の業務を行う代わりにこれまで培った信頼、評判、共感、人とのつながりを使って地域の課題解決や未来を創る活動に進んでいただきます。その方しかできない活動が必ずあります。そこに向かうためのパートナーとして秋葉原社会保険労務士法人が存在しているということです。

良い会社の基準を目に見える形にする「未来創造費」

事業を通じて、信頼や評判、共感など、目に見えない資本が積み重なった結果、事業のさらなる発展があると脊尾さんは信じて行動しています。それを可視化できないかと考え、秋葉原社会保険労務士法人では「未来創造費」という勘定科目をつくりました。

これから始まる事業の一部を、未来創造事業と位置付けています。未来創造事業は、自社だけではできないことを、未来創造企業等と連携して行う事業です。

秋葉原社会保険労務士法人は、未来創造企業に認定されてから多くの事業を始めましたが、自分たちだけでは目指す世界観以上のことはできないことに気付きました。自社で取り組んでいるだけでは、限定された社会課題解決にしか向かうことはできません。他の未来創造企業と連携をすることで、自分たちでは取り組めない事柄に対しても取り組んでもらうことができます。より遠くまで「社会のために活動してくれ！」という想いでつなぐバトンが「未来創造費」です。

未来創造費は、通常の世間相場の委託料を支払うのではなく、収益の○％という決め方をあらかじめして、得た利益を共に社会のために再分配していきます。1社ではできないことをバトンによって、より遠くまで広い範囲で活動をします。未来創造費の支払いが多い会社は、未来を考えている企業であり、未来創造費としての収入が多い会社は、社会から必要とされている会社という見方ができます。未来創造費としての収入が多い会社は、いずれは「社会的評価の高い会社である」という常識をつくることができます。

専門領域を生かして、人に係る社会課題を解決する

ＳＳＣ評議審査員　天明　茂

大病を患っても「まだ働きたい」という気持ちのある患者さんに仕事の場を提供することは、どんな人とも共生協働できる社会づくりにつながっています。一般的に社会保険労務士は、労働保険や社会保険に関する法的業務を中心に、企業内で人事トラブルが発生しないよう経営者の相談に乗るのが主な役割です。しかし脊尾さんの場合は、就業規則の中にも社長のメッセージを取り入れるなど、経営理念の共有による社内の一体化を図ります。さらに、共に働くスタッフや依頼先の人の人生が豊かになるようサポートし、生涯現役で活躍できる仕組みを実現しています。社会保険労務士が社会に果たすべき役割や使命を「共生共働できる社会づくり」に置いている表れの一つです。

脊尾さんがこのような取り組みを行っている背景には、ソーシャルワーカーとしての経験が生きています。自分が培ってきた専門領域だからこそ分かることがある、寄り添えることがある。これを社会保

険労務士の業務に組み込んで、「人」や「人生」「人事」に係る社会課題に向き合い、がん患者専用の人材紹介事業などの解決の仕組みをつくり出しているのです。これは脊尾さんの愛に裏付けられたとても高度で理想的なビジネスモデルと言っていいでしょう。

地域全体での「まるごと職場体験」では、インターンの学生一人一人にふさわしい実習を工夫して体験してもらうなど、ここでも人に寄り添った対応をしていることに感心します。

最後に、「未来創造費」は会計士の私から見ても画期的な科目といえます。自社の利益ではなく、社会を良くするための費用を予算計上する習慣が広がれば、社会はきっと変わっていくことでしょう。秋葉原社労士事務所が日本の社労士業界を牽引していくことを期待しています。

介護事業への見方を変え、
これからの高齢化社会を創造する

株式会社アスモ（東京都）

「このまま自宅介護を続けていたら、もしかしたら虐待していたかもしれません」

介護業界で、訪問介護から施設紹介、教育事業等を幅広く展開するアスモ。
しかし、代表の花堂氏が挑戦しているのは業界を持続可能に変えることだ。

保険制度だけに頼らない。
自身でサービス、価格を決定できる事業を行う。
「3K（きつい・汚い・危険）」とは言われない介護業界を創る。
例えば、ヨーロッパの有名ブランドと提携した、福祉用品のブランド化を進める。
介護の悲惨さを覆す。

事業を通じて、介護業界への見方を変えることで、この業界へ参入し働く人を伸ばそうとしている。

さらにその先に目指すのは、高齢者自身の豊かな生き方だ。

花堂氏が楽しそうに話していたのは「高齢者による起業支援」。

介護先進国の日本だからこそ、その枠を変える挑戦を続けるアスモを伝えたい。

高齢者の自立と生きがいを支える福祉事業

株式会社アスモは、日本の介護体制の核となる在宅福祉事業を展開しています。訪問介護事業を中心に、ケアプラン作成、福祉用具レンタル・販売などの介護保険制度事業と、介護の知見を活かしての周辺事業、有料老人ホーム紹介事業（シニアハウスコム）や教育事業（アスモカレッジ）、農業（アスモファーム）など幅広く展開しています。

主となる訪問介護事業では、中野区を中心とした都内のエリアで、地域に根ざしたサービスを提供しています。高齢や障害により身体機能が低下すると、日常生活の中で次第に人の助けが必要になります。しかしさまざまな理由で周りからの手助けが困難なことがあります。株式会社アスモでは、そういったかたがたの手助けをすると共に、身体機能の改善を促しています。

福祉用具レンタル・販売事業では、介護度やケアプランに応じて、快適な自宅生活ができるよう提案しています。また、住宅改修が必要な際には、自治体への介護保険利用申請のサポートも行っています。

介護保険制度が発足して20年余りが経過しましたが、介護保険制度の普及と同時に、高齢者のかたがたの自立度が後退しているとの実態調査の報告がなされています。株式会社アスモは、利用者の自立と生きがいを意識したケアを心がけ、少子高齢化と財政負担がますます進む中において、制度に依存するような受身的な姿勢を改め、絶えず何ができるのかという姿勢で取り組んでいます。今ある価値観を超えて、「It's more＋（イツモア）～生活をもっと素敵に～」をコンセプトに、介護保険事業だけにとどまらない事業展開を進めています。

経営理念

私たちは世界中の高齢者に安心と安らぎ・生きがいをお届けするとともに、社員の幸せ・福祉に携わる企業の発展・人々が支え合う地域社会づくりに貢献していきます。

高齢者や家族の暮らしを支える、有料老人ホーム紹介事業

高齢者の住まいに関する相談窓口として、シニアハウスコムという有料老人ホーム紹介ポータルサイトと、有料老人ホーム紹介事業を立ち上げました。長年、在宅介護事業に携わり、たくさんの利用者とそれを支える家族と接してきた現場の経験を活かし、介護する人と介護される人の絆を壊さないための住まい探しをお手伝いしています。

人生100年時代といわれる現代において、家族の介護にどう向き合うかという課題は、たくさんの方が抱えています。家族の介護のために離職をする方や、制約のある働き方をしなければならない方も多くなっています。いわゆる介護離職者数は、2019年には10万人を突破しました。介護離職が増えれば、社会においては労働力不足が一層深刻化します。また、働く意欲を持っている方にとって、希望する働き方を選択できない現状を生み出してしまいます。

冒頭の言葉「このまま自宅介護を続けていたら、もしかしたら虐待していたかもしれません」は、認知症の母親の介護にかなり精神的な負担を感じていた、とある長男さんの言葉です。自宅介護の壮絶さを物語っています。この相談者は、母親と二人暮らしで、自宅介護をしていました。母親の認知症がかなり進行して徘徊も始まり、自身の仕事にも影響が出るようになったことから、施設探しの相談に訪れました。多様な施設の中でも、認知症対応に慣れており、自宅からあまり離れてない施設を数か所提案し、入居することができました。

自身の仕事や家事、育児などで忙しく過ごす中、在宅での介護が限界を迎えている家庭も多くあります。病院からの急な退院要請や、家族の急な体調の変化によって、気持ちにも時間に余裕がない中、老人ホームについて調べることは大変な作業です。有料老人ホームは全国で1万5千棟を超えています。ひとことで有料老人ホームといってもさまざまな種類があります。その中から自身や家族に適したホームを探すことは、決して簡単ではありません。

シニアハウスコムは、そのような困り事を抱える家族や支援者に寄り添い、それぞれの要望に合う老人ホームを提案・紹介するサービスです。シニアハウスコムの相談員は、介護現場や福祉関連業務を10

年以上経験しています。ホームの見学の際には相談員が同行し、施設に対して質問をしたり、補足説明をしたりするなど、手厚いサポートが特徴です。

介護業界について学び、世界を変えていくための教育事業

株式会社アスモが長年かけて培ってきた精神やノウハウを、介護事業者はもちろん異業種でも活用できるよう、「アスモカレッジ」という学びの場を設立しました。高齢者を取り巻く社会課題や、介護保険制度の基礎知識、有料老人ホーム紹介事業に関わる人的環境についてなど、幅広く学ぶことができます。6時間の講座を受講することで、「有料老人ホーム紹介コーディネーター資格」を取得することもできます。

有料老人ホームを紹介することとは、単に物件を紹介することとは異なります。家族が何を希望するかを聞き取り、ケアマネージャーや看護師、ソーシャルワーカーの考えを調整しながら、相談者にとって最適な施設を紹介する必要があります。高齢者を取り巻く現状を深く理解し、専門知識をもとにしたコミュニケーションが重要となる仕事です。

介護業界は、多くの社会課題を抱える業界の一つです。高齢化社会や介護について知ることは、社会のさまざまな課題を解決するための取り組みにつながります。アスモカレッジのカリキュラムは、介護事業に就きたい方だけでなく、高齢化社会の日本の課題解決に貢献したい方、新しいビジネスを始めたいと考えている方にとっても価値ある学びとなることでしょう。

また、老人ホームについて事前に知っておきたい家族の方、いずれ支援を受けるかもしれない高齢者本人にとっては、将来に備えるためのきっかけとして活用できます。

アスモカレッジでは、「有料老人ホーム紹介コーディネーター資格」を取得する講座だけでなく、2時間で手軽に学べる、有料老人ホーム紹介の「地域サポート会員」認定講座も設けています。

アスモ
アスモカレッジ
株式会社アスモ
介護人材養成 TEL：03-5318-1233
アスモカレッジ

さらに、紹介センターの相談員として活動したい、新事業として展開したい場合には、事業化のサポートも行っています。事業としての収益性を高め、いわゆる「3K（きつい・汚い・危険）」と言われる介護業界への見方を変えることで、高齢化社会に関する社会課題の解決につなげていきたいと、代表の花堂さんは考えています。

豊かな高齢化社会を創造するための新しい取り組み

代表の花堂さんは、以前より、「これからの未来に備えて、社員とヘルパーさんの食を確保したい」と考えていました。2020年のコロナ禍、これまでの当たり前が当たり前でなくなったことをきっかけに、千葉県四街道市に農場を借りて農業を始めました。春は苗を作り、夏は作物を収穫し、秋は稲を刈り、冬は畑を耕し、と春夏秋冬、色とりどりの野菜たちの自然の恵みを堪能しています。

収穫した野菜は、社員やヘルパーだけでなく、高齢者施設の利用者、地域の子ども食堂、フードパントリーなどに提供しています。

農場を通して、地域のかたがたや、社員同士のつながりをつくることにも取り組んでいます。さつまいも掘りや、田植え、稲刈りなどをイベントとして実施し、農業の楽しさと大変さ、新鮮野菜のおいしさを堪能してもらう機会を提供しています。いずれは農業に関する新プロジェクトが、株式会社アスモの事業に加わる予定です。

また、介護業界に夢と希望を持てることを目指して、「福祉用品のブランド化」にも取り掛かっています。ヨーロッパの有名ブランドや大手企業と提携して、デザイン性の高い杖やシューズなどの開発を進めています。これまでの福祉用品は、安全性や機能性を優先するあまり、デザイン性は諦められていました。「高齢者こそ、おしゃれを楽しむべき」という考えのもと、魅力ある福祉用品をプロデュースする取り組みが進められています。

高齢化社会の進む日本は、世界の中でも介護先進国であるといわれています。介護の仕事で世界に進出することができるという実績をつくり、介護業界で働くことを望む人材が増えることにも期待が集まります。

長年介護の仕事に携わってきた花堂さんですが、一方で「介護のない世界を目指すべきではないか」とも考えています。高齢者の健康寿命を延ばすことが、高齢化社会にとって一番望まれているのかもしれません。

介護のない世界の実現のために、高齢者がやりがいを持って働くことができる環境、さらには高齢者自らが、自発的にビジネスを起こすことができれば、より豊かに生きられる人生につながっていきます。将来的には、高齢者の起業を支援する事業にも取り組みたいと考えています。

アート性とクリエイティブな発想で、介護事業を超えていく

ＳＳＣ評議審査員　泉　貴嗣

介護事業という本業そのものが、高齢化社会におけるさまざまな社会課題の解決に直結しています。しかしアスモの素晴らしい点は、事業を通して介護にまつわる諸問題を解決しようとしているところです。介護施設相談サービスや、介護に関わる人材教育事業など、介護と、介護の周辺領域を一体として捉えた取り組みを進めています。

アスモは、豊かな高齢化社会を目指していることが大きな特徴です。杖や靴などの福祉用品を、有名ブランドと連携しておしゃれなものにしようと開発を進めています。高齢者のクオリティ・オブ・ライフを考えた時、心理面での機能性はとても重要です。従来の介護事業にはなかったアート性を取り入れることで、社会課題解決の新たな機軸を見出したり、新たな企業価値を創造したりすることにつながっ

ていく可能性を感じます。

私たちは今、社会問題や環境問題に囲まれていますが、その大変さだけに目を向けると息苦しくなってしまいます。だからこそ、アート性を取り入れ、心理的にも長く関われるような工夫をすることの大切さを、アスモの取り組みから学ぶことができます。

また、アスモの花堂さんは、介護のいらない世界を目指し、健康寿命を延ばそうと提言しています。人が何歳になっても心身共に健康でいられるためには、社会的存在であり続けることが重要です。シニア世代の起業を支援することで、シニアによる経済圏が創造できたら、高齢化社会にとってインパクトのある一歩になるはずです。介護事業だけでなく、高齢者の自立と生きがいを創る会社になること、それがアスモのミッションなのではないでしょうか。

四方良しの世界は、人・地域づくりから。
縁をつないで「いい街」をつくる

株式会社四方継（兵庫県）

建築、暮らしだけじゃないその先に

四方継の代表、高橋氏にその活動の理由を聞くと、
「このままでは絶対だめだという憤り」という答えが返ってきた。

これまで、多くの街を、日本を創ってきた多くの建設職人が、
年齢を重ねるにつれて、不安定な状態で働くことを強いられている。

自身が大工出身であり、共に闘ってきた同志のために、
これから続く次世代のために、業界と社会をより良くすることを事業にする。
工務店として活動を始めた高橋氏の挑戦は、
1企業の取り組みにはとどまらない。

1社が変わっても、業界は1ミリも変わらない。
業界だけが動いても、社会は変わらない。
本当に社会を変革するなら、スケールが必要なんだ、と力強く語る。

高橋氏が今、取り組むのは「地域のコミュニティをつなぎ直す事業」と「職人となりうる、次世代の若者が生きがいを持って働くための教育事業」だ。
1企業ではとてもできない社会変革のための事業を
高橋氏はその志に魅せられて集った仲間と創り始めている。

工務店として始まった事業ドメインが地域へと広がる

株式会社四方継は、今では「職人の教育」「地域コミュニティの創造」と社会との関係性の中で事業を行う会社です（四方継の四方とは「作り手、住み手、協力会社、地域社会」を意味しています）。しかし、創業時から今のような活動をしていたわけではありませんでした。

代表である高橋さんは、大工出身で自身も職人。２００１年に高橋さんは３人の大工によって、前身である有限会社すみれ建築工房という施工会社を立ち上げました。その活動は大手ハウスメーカーや不動産会社、デザイン事務所の下請け工事店としてスタートしました。その後、下請けから元請け工務店へと転換、設計部門を社内に置き、大工だけではなく、建築設計も手掛けるようになり、新築、リフォーム、店舗工事の３本柱の設計施工をすべて提供できる工務店として事業を伸ばしました。

しかし、高橋さんたちは工務店としての成長にとどまらず、業界、地域へとその事業ドメインを広げました。２００６年からは「自立循環型の社会及びビジネスモデル」を目指すことを公言し、『建築業界における人に関する課題解決への取り組み』を始めました。

それが、職人の社会的地位の向上を目的とした研修事業、「一般社団法人職人起業塾」の運営です。職人をはじめとする現場実務者のキャリアプランを構築しながら、そのスキルを高めていくという活動を始めました。

職人起業塾は、元々は社内教育の一環としてスタートしています。次第に同業他社の経営者や職人が多数集い、口コミで人気が広まって異業種の人も参加するようになりました。２０１７年には、鹿児島、大阪、東京、福岡、仙台にて塾を開講し活動を全国に広げました。自社で構築した人事制度も公開し、職人の働き方の改革、工務店の業績と職人の地位の向上の両立の支援を行いました。

さらに、高橋さんは自社が提供できることにとどめず、「業界を良くしたい」の想いによって、さらに人を育てる事業を多くの事業者と連携して広げています。

２０２０年からは、本業を通じて社会課題を解決することに取り組む一般社団法人経営実践研究会のメンバーと共に、新しい職人を生み出す高等学校プロジェクトに取り掛かりました。２０２３年、「マイスター高等学院」を設立、神戸校として開校。収入を得ながら高校卒業と技術が手に入る通信制の学校です。「マイスター」を単なる現場作業員ではなく、現場の知見をもとに建築のプロフェッショナルとして大きな役割を果たす幅広い活躍ができる人材と定義して、誰もが持っている才能を見つけ、開花させる場づくりを進めています。

高橋さんたちの活動のもう一つの軸が「地域」です。

建築事業とコミュニティ事業によって、作り手、住み手、協力会社、地域社会の四方を含めた地域全体をより良くするサービスを提供しています。

コミュニティ事業は、「つない堂」という屋号で運営。つない堂では、地域の中であらゆる分野で卓越した知見を持つ「人」を発掘し、リアルなネットワークを構築しています。建築だけにとどまらず、人を、街を、ご縁をつないでいくサービスです。

有限会社すみれ建築工房は、２０２０年に創立20周年を迎えました。それを機に事業を再構築、「株式会社四方継」に組織を変更し、地域課題解決型事業モデルへと転換しました。脱建築を掲げ、広く地域経済の活性化に取り組んでいます。

経営理念
人、街、暮らし、文化を継ぎ
四方良しを実現する
【四方とは、作り手、住み手、協力会社、地域社会を指す】

持続可能な建築を実現するための人づくり「職人起業塾」

株式会社四方継は、２００６年より、自立循環型の社会及びビジネスモデルを標榜し始めました。その当時、国土交通省から「自立循環型住宅の設計指標」が発布され、自然エネルギーを効果的に取り込んで、エネルギーコストを抑え、自然環境に負荷をかけない住宅を設計する必要性が喚起されました。それまで、間取りやデザインにばかり目を向けていた住宅会社が、自分たちの事業自体が環境に大きな負荷をかけていることに気付き、環境への意識を持って、持続可能な環境を次世代に残さなければならないと考え始めたのです。

これから目指すべき方向性はこれだ！　と、考えた高橋さんは、早速当時の設計担当者に研修に行ってもらいました。それ以後、省エネやパッシブデザインに取り組み、現在はオフグリッド住宅（送電されなくてもエネルギー自給で自立できる住宅）も提案しています。

環境問題に目を向けるようになった高橋さんは、持続可能な環境への取り組みは、住宅設計だけでは不十分であることに気付きました。

当時、日本中に一気に広がった地産地消運動の影響を受けて、地元の山で育った木を使った建築を始めました。材の生産者である林業事業者と連携することで、収益を山に還元することができます。また、地元農家とコラボして、スタッフと共に農業を行うなど、さまざまな取り組みにその概念を広げました。

その中でも高橋さんが最も重要視したのは、事業そのものの持続可能性を高めることです。建築を生業としている事業者が最も大事にすべきは、ものづくりの担い手を育て、技術や伝統、文化を次世代に引き継ぐことである。そしてその人材育成を、事業そのものの収益性と一体化させる事が大切だと考えました。

高橋さんは、自立循環のシステムを構築することこそ自分たちの進むべき道だと確信し、職人育成と職人を中心にした活動を始めます。そして２０１５年、自社の研修事業を発展させ、社外へ向けて、職人の社会的地位の向上を目的とした研修事業、「一般社団法人職人起業塾」を立ち上げました。

職人の不安定な労働状況、キャリアを変える

現在、建築現場に従事する職人のほとんどは、非正規雇用もしくは一人親方という名目で、外部発注

扱いで働いています。経営体質の強化、固定費削減という企業側の論理が正当化される中、職人は社会的保証も信用も極めて薄い職業となり、大工が自分の家を建てられない時代といわれて久しくなります。

体を使って仕事をする肉体労働者は、病気や怪我などのアクシデントに見舞われると、すぐに収入がなくなってしまいます。また、年齢を重ねると生産性が落ち、収入が減っていくのは明白です。業界全体として、若い人が将来的な展望を持ちにくい構造となってしまっています。

高橋さんは、「お客様が幸せな暮らしを営むための家を建てるには、幸せな暮らしをする、幸せな職人が建築現場に従事するべきだ」と考えています。創業以来、四方継は自社社員の職人による施工にこだわり続けてきました。職人を正規雇用し、労働基準法に準じた雇用体制を整えることによって、職人の意識を変え、工事品質を向上させ、顧客満足を勝ち取り、顧客との信頼関係を築き上げることで成り立つビジネスモデルを構築してきました。

十数年続けてきたその取り組みを通して、高橋さんは、優れた技術を持った職人は、知識を持ち、意識を少し変えるだけで、引っ張りだこの繁盛工務店になれることに気が付きました。

「職人起業塾」では、マーケティング、現場マネジメント、コミュニケーション、人間力強化等、専門の講師による研修を中心に、建築業界のものづくり企業、職人や施工管理技士等の現場実務者を雇用する企業へのさまざまな支援事業を行っています。

マインドセットとマーケティングの基礎知識を得て、理論に基づいた戦略に沿って行動に移すことができれば、職人が将来に不安を抱く必要はなく、希望を持って仕事に向き合うことができます。また、そのような職人を雇用する事業所は、着実に顧客からの信用を集め、成長することができると、高橋さんは確信しています。

さらに高橋さんは、2022年、大工など建設業における『職人』としての技術を身につけることのできる学校として「マイスター高等学院」を開校しました。

マイスター高等学院は、通信制高校です。大工・左官・板金・内装・設備・塗装・足場・電気・土木などの専門分野から、希望の分野を選ぶことができます。専門技術の習得のためのOJTを受講する場合は、給与が支給されます。さらに、高卒資格の取得を同時に目指すので、収入を得ながら高校卒業と技術が手に入ります。日本のものづくりを担う人材育成の場として、誰もが持っている才能を見つけ開花させる場として、これからの発展が期待されています。

顧客の視点に寄り添うことで、自然と生まれた循環型ビジネスモデル

高橋さんが自立循環型住宅の概念に触れてから15年、地元の自然素材を使うなど環境に配慮した設計や、自社職人の育成とそのメンバーによる施工にこだわり続けてきました。その結果、単なるものづくりだけではなく、家を建てる前のライフプランの設計から、建てて引き渡した後のメンテナンスまで、顧客(=地域住民の暮らし)へのきめ細やかな対応ができるようになりました。

創業当初は大手ハウスメーカーやデザイン事務所の下請け工務店として工事のみを行っていました。しかし、大工という仕事柄、施主の前に出て工事内容の説明や相談を受ける事も多くありました。本当

に施主のためになるものづくりをしたいという気持ちと、営業主体・利益重視の元請け会社の間で軋轢を感じることがありました。

高橋さんは、自分たち作り手が、直接施主の要望を聴き取り、プロとしてのアドバイスをしながらものづくりをしたいと思うようになり、大工だけではなく設計を担うことができる「つむぎ建築舎」を創業することとなりました。

創業時は大工ばかりの下請け職人集団でしたが、徐々に施主から直接工事を依頼されるようになる中で、女性的な視点でのきめ細やかな設計の重要さに気付きました。住宅の場合、女性のほうが家にいる時間が長いことが多く、家事動線や子育てなどを深く理解して設計する必要があります。このことから、女性の設計スタッフを採用し、その育成に注力するようになりました。現在では、大工とほぼ同じ人数の女性設計士が在籍する設計事務所となりました。

施主にとって、一生に一度かもしれない、人生の一大イベントである家づくり。決して後悔しないようにするには、女性設計士の丁寧で真摯なヒアリングによるイメージの共有、そしてそのイメージを現場で形にする誠実な施工力の両輪が必要です。「つむぎ建築舎」は、社員である大工と女性設計士が手を携えて、施主の夢を実現するお手伝いを行っています。

社員の大工たちが、現場で直接顧客とコミュニケーションを取りながら進める建築は、顧客に対して安心感と満足をもたらすことができます。大工の正社員化から4年目には、紹介やリピートでの依頼が集まるようになりました。宣伝広告やプロモーションの必要がなくなり、毎年必要な量の受注を得られるようになっていきました。事業が自然にうまく循環する形になり始めたのです。

地域コミュニティの創造を事業の軸に。人、ご縁、いい街をつなぐ「つないい堂」

２０２０年の創立20周年の際、高橋さんは、これまで地域の人々に支えられてきた恩を少しでも返せるよう、地域の課題解決の役に立てる事業所になることを決意しました。「有限会社すみれ建築工房」から「株式会社四方継」へと社名を変更、同時に事業ドメインを改めました。それまでの建築請負業ではなく、地域と密接に関わり、地域住民と共に課題解決に取り組むコミュニティを創造することを事業の柱に据え、建築事業はそのコミュニティの中で発生する案件を担う、という位置付けへと変容させました。地域の人たちと共通価値を創造する経営へと、名実共にシフトしたのです。

新しく柱となった地域コミュニティ事業は、「つない堂」というサービス名です。「つない堂」には、人をつなぎ、ご縁をつなぎ、いい街をつなぐという意味が込められています。「つない堂」には、5つの基本サービスと、8つの〝つなぎサービス〟があります（2023年6月現在）。

困った時に地域の中から助けてくれる専門家を紹介すること。無農薬野菜のおすそわけ。場所をコワーキングスペースとしてシェアすること。さまざまな地域内の暮らしを豊かにするための「つなぐサービス」によって、あらゆる分野で卓越した知見を持つ「人」「事業所」「サービス」を発掘、リアルなネットワークを構築しています。そのネットワークを地域の人々と共有することで、インターネット検索を用いなくても成り立つ地域コミュニティのハブとなり、良い街を次世代に継ぐことを目指しています。

四方継が目指すのは「新しい時代の要請に応える道」です。２０２０年の事業再構築（リブランド）の際に高橋さんはスタッフと理念の再考を行いました。そして、事業の目的、存在価値に据えたのは「四方良しの社会の実現」でした。それは一瞬だけ叶えられれば良いわけではなく、継続してこそ意味があります。自立循環型ビジネスモデルの構築、ＣＳＶ（共通価値の創造）を地域企業が目指すべき理由はそこにあると、高橋さんは考えています。

ふたつのビジョン

visions

受け継がれる価値のある丁寧なものづくり。
人を繋ぎ、ご縁を紡ぎ、いい街を継ぐ。

木と暮らしをデザイン、
実現する技術者集団

つむぎ建築舎
TUMUGIKENCHIKUSYA

信頼の輪を広げ、検索不要の
安心安全な地域社会を作る

つない堂
[tunai* do]

暮らし全般の
サブスク・サービス

脱建築・同業者を巻き込み共に街づくりに挑戦

ＳＳＣ評議審査員　天明　茂

一般的に建築会社は、家を建てること、建てた後のメンテナンスをすることだけで完結するもの。しかし四方継は、もともと主としていた建築事業にとどまらず、地域社会へと視野を広げ「脱建築」を決め、業態変更をした点が画期的です。地域の人々の縁をつなぎ、心豊かに暮らせるまちをつくることを主要な事業におき、その中で建築に関わるという経営方針に変革したのです。

人が豊かな生活を送るためには、一家族だけではなく、地域全体が豊かな場所にならなければなりません。どんな企業も、その地域の一員です。四方継は地域の一市民として、より良い街づくりを牽引しようとしていることが何よりも素晴らしいことです。

四方継の特徴は、建築事業の「つむぎ建築舎」、コミュニティ事業の「つない堂」、そして人づくり事業である「職人起業塾」のそれぞれが独立自走しながら、連携して地域貢献するビジネスモデルを構築している点です。地域サービスだけならまちの工務店でも実施しているところもありますが、それは営業活動として行われることが多いもの。しかし、四方継の「つない堂」は、お世話になってきた地域への恩返しとして始まり、地域貢献活動として継続して実施している点が異なります。

さらに「職人起業塾」では、職人の社会的地位の向上や工務店の経営力の強化のために、四方継のノウハウをすべて公開・共有し、共に地域価値創造の担い手として巻き込んでいる点がすごいところです。そこには、すべての職人や同業者が幸せにならなければ自分たちの幸せもない、という髙橋さんの愛を感じます。髙橋さんの想いが同業者に伝播し地域を超えて広がっていくことで、世の中が大きく変わっていくに違いありません。

いつもビジョンを大切に。
家族の幸せは世界の幸せにつながる

アップルアーキテクツ株式会社（青森県）

「未来のこと、考えていいんですね！」

青森から、数人の会社が本気で「地域」を、「世界」を語る。
アップルアーキテクツは家庭、青森、日本、
そして世界を一本軸で捉えて活動している。

住宅メーカーで経験を積んだ菊池氏が、地元青森で創業した建築設計事務所、アップルアーキテクツ。その創業の目的には「ビジョンを本気で求めること」があった。

菊池氏は、いつもこう話している。
「あなたを本当に必要としてくれる仲間はいますか」
「そのために、向き合う相手の、本当の関心ごとを知りたい」

そして、向かい合う一人一人のビジョンに常に真剣だ。

家庭にも、共に家を創るお客様にも、もちろん共に活動する社員も、

青森という地に住まう人に対しても。

アップルアーキテクツは、それぞれのビジョンに耳を傾けて、紡ぎ、

家創り、場創り、人創りを通じて、well-beingな社会の実現を目指している。

家も場も、大切なのはそのビジョン。想いを形にすることで、人々の幸せを創る

アップルアーキテクツ株式会社（以下、アップルアーキテクツ）は、家創り・場創り・人創りを通じて、さまざまな家族の幸せに貢献するため、利己を満たし、利他溢れる社会を創り、Well-being な社会の実現を目指しています。家族、法人、地域、社会、国家、世界、大小ありますが一つの家族です。こうしたさまざまな家族が幸せを感じられる社会ができたならば、戦争はなくなり、社会課題の大半は解決されると、代表の菊池さんは考えています。

家族が幸せを感じるためには、個々や家族で夢や志・ビジョンを描くことが必要です。建築は手段であり、本来の目的は、さまざまな家族のビジョンを実現することにあります。アップルアーキテクツでは、家を建てる場合、まず「家族ビジョン」を家族みんなで創ります。そのビジョンをもとに設計し、施工します。家が完成した後も、初めに描いたビジョンのメンテナンスを実施し、家族の幸せに貢献していきます。法人の場合も同様です。理念・ビジョンの整理・策定・構築等から関わり、建築設計につ

なげます。こうした取り組みは、社会課題の根本に対するアプローチであるともいえるでしょう。

菊池さんがこのようにビジョンから始めるようにした背景には、自身の経験が大きく影響していいます。起業前に勤めていた住宅メーカーで、業績不振による大量のリストラが行われました。そして残された社員は、業務過多の状況に追い込まれました。

その住宅メーカーには、経営理念やビジョンがありませんでした。何のために、なぜ働くのか見失っている人が多いことに課題を感じた菊池さんは、当時の社長に直談判し、経営理念を創るプロジェクトを立ち上げました。就業時間後、毎日終電までプロジェクトに取り組み、半年間かけて経営理念をつくりあげたのです。経営理念を考える際には、松下幸之助さんや稲盛和夫さんなどの理念を参考にしました。しかし、ただ経営理念ができただけでは業績は改善されず、しばらくして会社は倒産しました。

菊池さんはこの経験からさまざまなことを学びました。会社とは何だろう。今までやってきた仕事とは、家族とは、家とは、幸せとは……を考えるようになりました。

「何のために、誰と、何を、なぜ行うのか？」

振り返ると、あの経営理念は社内でつくったにもかかわらず、当時の社長の思いは含まれておらず、良い言葉だけを並べただけの命のないものでした。かっこ良い家をつくっても、儲かる会社だったとしても、素晴らしい経営理念だったとしても、そこに思いや命が入っていないと、全く意味がない。菊池さんは実感しました。

冒頭の言葉「未来のこと、考えていいんですね！」は、ある施主から言われた言葉です。その方は、今の状況や予算の制約で、今できることしか考えられずにいました。菊池さんは、今できること、将来できること、施主さんにとっての時間軸を長く考えてもらうことで、家創りを単なる夢物語で終わらせません。現状と未来を整理し、どうしたら実現できるかを一緒に考えます。何の制約もない未来を描き、そのワクワクを大切にします。

何を大切にして、どんな未来を描き創るのか。大事なのは、未来を描き、実現に向けて歩むプロセスです。つまり、「どう生きるのか」。家創りであれば、そこに住む家族の「家族ビジョン」を、場創りであれば、その法人の経営理念やビジョン創りから関わることで、命あるものをつくることができる。

アップルアーキテクツの仕事は、お客様のビジョンを明文化し、家創り・場創り・人創りに落とし込みさまざまな人の思いを形にすることで、さまざまな家族の幸せに貢献し続けることです。

経営理念

我々は、五常（仁義礼智信）を大切にし、心豊かに感じ、考え、実践し続けます。

ミッション

さまざまな家族の幸せに貢献する。

ビジョン

家創り・場創り・人創りを通じて、利己を満たし、利他溢れる社会を創る。

パーパス（社会における企業の存在意義）

Well-being な社会の実現。～地球という一つの「家」で「家族」になる社会を～

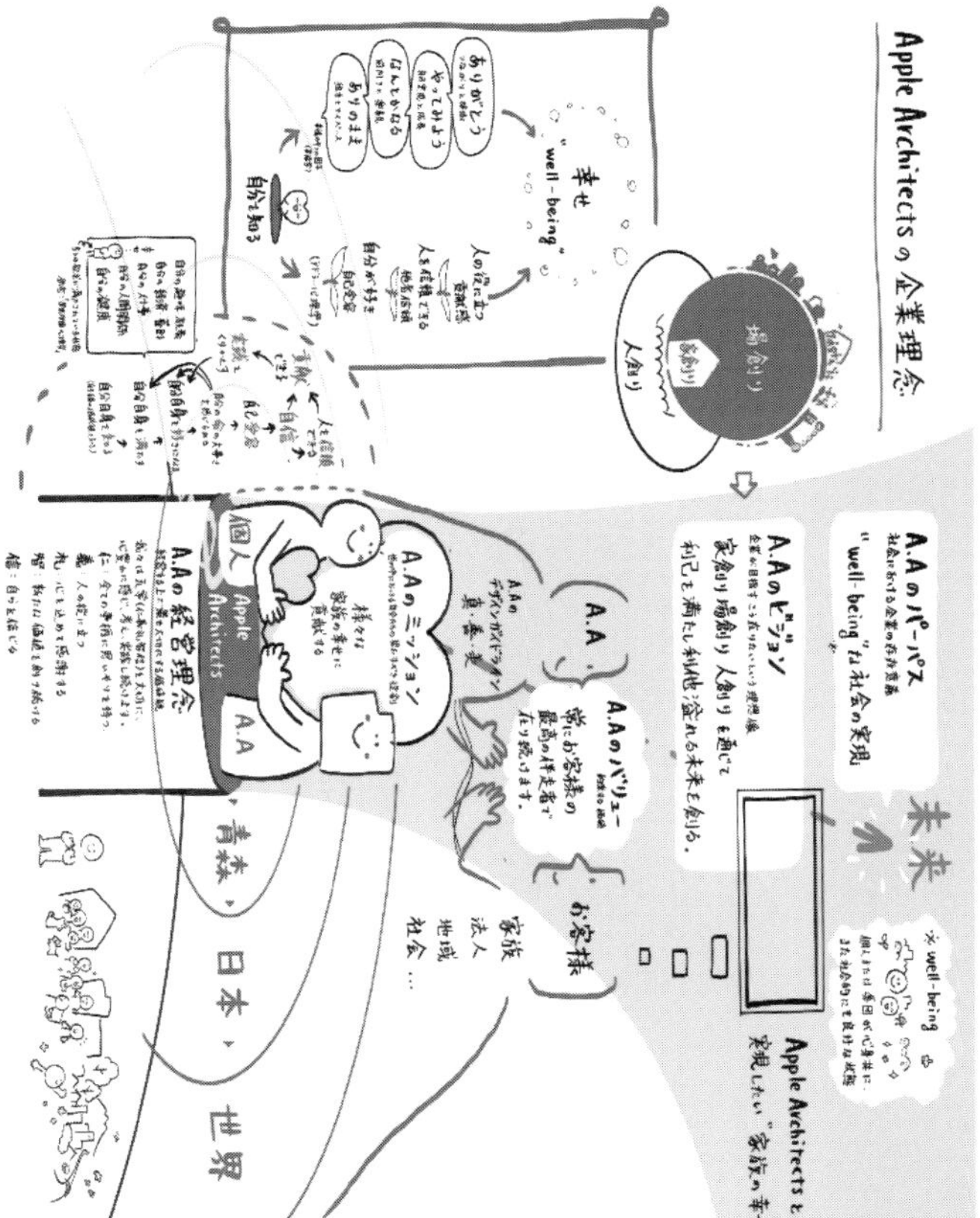
Apple Architectsの企業理念
場創り
家創り
人創り
幸せ
“well-being”
ありがとう
やってみよう
なんとかなる
ありのまま
自分を知る
人の役に立つ
人を応援できる
自分が好き
未来
※well-being
A.Aのパーパス
“well-being”な社会の実現
A.Aのビジョン
家創り場創り人創りを通じて利己も満たし利他も溢れる未来を創る。
A.Aのバリュー
常にお客様の最高の伴走者で在り続けます。
A.Aのミッション
様々な家族の幸せに貢献する
A.A
お客様
家族
法人
地域
社会…
個人
Apple Architects
A.Aの経営理念
青森
日本
世界
Apple Architectsと一緒に実現したい“家族の幸せ”について考えて下さい。

新たな働き方で、幸せを創るための「人創り」を目指す

アップルアーキテクツでは、仕事を通した「人創り」に力を入れています。

採用面接の際には、履歴書・実務経歴書・ポートフォリオの他、エッセイの提出を依頼しています。企業理念に対するエッセイと、自身の夢や志、ビジョンのエッセイを自由な書式で書いてもらいます。エッセイを読むことで、その人が企業理念をどれくらい理解し、どのように解釈をしているかを知ることができます。経歴や能力ではなく、経営理念にも謳っているように、人間性の側面を深く見るようにしているのです。

エッセイを取り入れたのは、過去に採用で失敗をしたことがきっかけとなっています。「企業理念に共感しています」と面接では言っていたものの、実際に働いてみると、理念とは反するような、自分のことしか考えない行動が見られることがありました。エッセイによって自分の考えを言葉にすることで、思考や行動が現れます。エッセイを通じて面談をすれば、表面的な考えだけでなく、内面も把握す

ることができます。また、入社後に読み返すことで、思いがどう変化したのか、どれくらい成長したのかを確認することもできます。

その他、毎日1時間の朝礼、毎月1回の 1on1、ご両親様への挨拶とお墓参り、年2回の合宿など、社内での人と人とのつながりを大切にする取り組みを行っています。福利厚生の面では、バースデー休暇、自分を高めるための休暇、ボランティア休暇があることが特徴的です。2022年からは、新たな働き方を取り入れました。社員や業務委託を超えた、より柔軟な働き方です。働く場所は自由、働く時間も自由。他社で働くことや、自分の会社を経営しながら働く「本業×本業」というスタイルも可能です。

さまざまなスタイルで働く従業員の例を紹介します。

山﨑愛子さんは、それまでアップルアーキテクツの社員でした。シングルマザーとして、子育てや家事、PTAの他、ボランティア活動も行いながら仕事をしていました。ある月の 1on1 でのこと。菊池さんは山﨑さんのある想いを聞きました。

「離婚をきっかけに、地域のいろいろな方に支えられて今があります。これからは、支えてもらった恩を返し、恩を送りたい」

山﨑さんの想いを循環させ、恩返し・恩送りを目指すにあたって、自立への思いがあったことから、代表の菊池さんは独立をすすめました。ただし、これまでの待遇は一切変えず、むしろ社会保険料分も報酬に上乗せしました。現在は、アップルアーキテクツと、山﨑さんが代表を務める「ナチュラルアイデザイン」という二足のわらじで活動し、社員の時にはできなかった自由な働き方をしています。

水村潔美さんも、アップルアーキテクツの社員として働いていましたが、「人も物も社会も、人の心を満たす良いもので循環する社会」をつくりたいと、腸の研究に関わる仕事を始めました。現在は他社で正社員として働き、アップルアーキテクツでは土日を中心に活動しています。

福住彬さんは、管理建築士かつ構造1級建築士として、アップルアーキテクツを支えています。場創りの取り組みとして「大人の秘密基地」を創りたいというのが入社時からブレずに掲げている目標です。現在も社員ではありますが、青森から横浜に拠点を移して活動しています。

２０２３年の2月から新たに、池田美穂さんがアップルアーキテクツに加わりました。池田さんは、徳島で「ie labo」という二級建築士事務所の代表を務めています。池田さんの思いは、「すべての家族の暮らしを家の中から幸せにする」。アップルアーキテクツが掲げる企業理念とも近く、菊池さんとすぐさま意気投合。自らも経営者であることから、アップルアーキテクツになくてはならない人として活動を支えています。

菊池千鶴子さんは、専務取締役として、また菊池さんの妻として、会社のグランドマザーを目指し、取り組みを支えています。今後は、「気持ちでつながるやさしい衣食住音藝」をテーマに、店舗運営を計画しています。

これらの取り組みを受け、アップルアーキテクツでは、社員や業務委託に代わる新たな名称をつくりました。「Apple fam」です。

未来創造企業の取り組みとして、新たなパーパス「well-being な社会の実現～地球という一つの「家」

で「家族」になる社会を〜」を掲げたことから、「fam＝family」という思いを込めて命名しました。

幸せになりたいと願うのは人類共通です。「日本に限らず世界中の人が家族のように思いやりを持って関われれば、戦争もなくせる」と菊池さんは考えています。アップルアーキテクツが考える「fam」の定義は、企業理念に共感し、well-being な社会を共に目指す集まりという意味です。

アップルアーキテクツは、経営理念として「我々は五常（仁義礼智信）を大切に、心豊かに感じ、考え、実践し続けます」を掲げています。仁は思いやり、義は人の役に立つ、礼は心を込めて感謝する、智は新たな価値をつくり続ける、信は自らを信じること。Apple fam 一人一人が大切にすることを、アップルアーキテクツで最も大切にする価値観として会社の基盤に据えています。

地域活性のため、年中開催できる芸術・オペラを青森に

地元青森の地域活性、経済活性を目的として、アップルアーキテクツは、芸術、特にオペラに関する場創りにも取り組んでいます。

日本は現在、物質的には多くの人が満たされているといえます。一方で、世界の幸福度ランキングでは、先進国の中で日本は最下位です。今回のプロジェクトを支えている、さわかみ投信の澤上会長は言います。「日本にオペラ文化を広め、多くの人々に心の贅沢を味わっていただき、それが人生の豊かさにつながっていく」と。この言葉をきっかけに、このプロジェクトは始まりました。

オペラを通じてハレの機会をつくることは、オペラの公演はもちろん、衣装を揃えたり、レセプションや出店を用意したりするなど、地域に経済波及をもたらします。また、1年かけて準備をすることで、肩書が関係ない新たな地域コミュニティーをつくることができます。経済活性・地域活性に寄与し、地

域住民の心が豊かになることを目的としたプロジェクトなのです。

菊池さんは起業以来、自社の活動を通して地元青森をより良くしようと取り組んできましたが、その限界も感じていました。経営者の先輩からは、「地域活性の鍵は、スポーツ・音楽・芸術。こうした人種や垣根がないものを地域に取り入れることで、共感や感動が生まれる」というアドバイスを受けていました。菊池さんはそれまでオペラを見たことがなく、興味もありませんでしたが、地域活性・経済活性への思いは強く、この取り組みを青森で行うことを即決しました。

青森では、5月の弘前桜まつり、8月の弘前ねぷたまつり・青森ねぶた祭、五所川原立佞武多、八戸三社大祭が全国的にも有名です。これらに芸術を加えることで、1年中開催できるイベントを追加することができます。

青森県は、自殺率が高い、短命県、低賃金、高齢化率が高いなどといわれ、日本でも課題が突出している県でもあります。これらの課題を、芸術を通して解決することができるのではないかと、菊池さんは考えています。ハードルが高いオペラを、子どもも大人も、お年寄りも、すべての人が気軽に関われるよう値段設定をしつつ、その品質にはこだわります。他県の事例として、阿波おどりで有名な徳島は

「徳島の人柄・気質×オペラ」、福島県喜多方市では「喜多方の老舗酒造×オペラ」、和歌山県那智勝浦町では「世界に誇る生まぐろ漁港×オペラ」などがあります。２０２３年６月現在、青森での会場視察は終えました。２０２４年３月開催に向け、市民・自治体を巻き込みながら活動を進めていきます。

３００社の仲間と３万人の「まち」を。誰もが挑戦できる社会に

地域活性のための場創りに関する取り組みとして、アップルアーキテクツでは他にも、「まちづくり」を進めています。「２０３０年に、志を共にする３００社の仲間と、３万人の『まち』を、青森県に創る」という取り組みです。

この取り組みでは、次のようなビジョンとテーマを掲げています。

・ビジョン

地域の自然と共存し、一人一人が夢やビジョンを持ち、挑戦できる、唯一無二のまちを目指す。

・テーマ

自律分散、循環社会、持続可能

さまざまな家族の幸せに貢献するためには、利己を満たし、利他溢れる社会を創り、Well-being な社会の実現を目指す必要があります。そのためには、一家族が、一法人だけが幸せになるだけでは不十分です。この6年間、菊池さんがアップルアーキテクツを経営してきて感じたのは、「一社で思いを実現することには限界がある」ということでした。思いやビジョンが大きくなるほど、そのことを痛感しました。

民主主義がきちんと機能する理想の人口は、約3万人といわれます。３００社の志ある会社、未来創造企業が関わり合えば、その従業員や家族、各社の取引先やその家族が集まります。その合計が3万人になるという計算です。志でつながるこのまちから、首長、市議、そして県議会議員や国会議員が出ていけば、こうしたモデルが日本全国に広がります。その結果、アップルアーキテクツの事業を通して、社会変革を起こすことができるのではないかと、菊池さんは考えています。建築設計やまちづくりは、一つの手段です。アップルアーキテクツが目指す企業理念を実現するために、「人閥形成・組織創り」を通じて、実現を目指します。

このまちは、先述したようなオペラや、音楽、スポーツをまちの中心に据え、市民一人一人が、夢や志・ビジョンを持ち、地域の自然と共生し、誰もが挑戦できる「まち」です。参加する３００社は、志を掲げ、地域や社会をより良くしようという企業です。

農林水産業、製造業、建設業、サービス業、電気ガス業、商業、金融保険業、運輸・情報通信業等、さまざまな業種がありますが、これらの業種も今後、変化していくかもしれません。業種業態にこだわらず、社会に必要とされる会社が集うまちを目指します。

こうした、自律分散、循環社会、持続可能をテーマにした「まちづくり」は、アップルアーキテクツだけでは不可能です。菊池さんは一緒に未来を創る同志を募っています。未来の子どもたちのために！

ビジョンを明確に、会社を自律分散型のコミュニティへ

SSC評議審査員　天明　茂

住宅の設計という事業を通して、その家族を幸せにし、地域、日本、そして世界を幸せにしたいという菊池さんの熱量に感動しました。社会は個人から世界まで、入れ子構造になっています。その集団の最小単位が家庭です。菊池さんは家族や家庭をとりわけ重要視しています。住まいを設計するときに家族のビジョンを明確にすることから始めることや、スタッフの採用に当たっては家庭訪問やお墓参りをすることに表われています。幸せな家庭が豊かな社会の根幹であることを身に染みているからでしょう。

菊池さんは前職で、リストラ、倒産という大変な時期を過ごされています。つらい体験を自分の中にしまい込んでしまうのではなく、失敗を次の事業に、人生にと、見事に生かしています。前職において、

失敗を社長のせいにすることなく自分の問題として捉え、スタッフや家庭を犠牲にすることなく会社も社会も豊かにする道を探り続けてきたことが、現在のアップルアーキテクツの飛躍につながっているのでしょう。

また、「人創り」への取り組みも特徴的です。毎朝、1時間の朝礼を行っているという企業は多くはありません。Apple fam という働き方の仕組みを創出することで、一人一人の人生を尊重し、夢を応援しています。その結果として自律分散型の組織が形成されています。アップルアーキテクツという会社の枠ではなく、ビジョンを同じくする人々のコミュニティができているのです。

このコミュニティの考え方を広げたのが、「300社の仲間とつくる3万人のまち」という構想です。このような考えに至ったということは、アップルアーキテクツというコミュニティがうまく循環していることの現れではないでしょうか。家族、会社、3万人のまち、国、世界、それらをすべて1つのファミリーとして見ている。これは他の人には真似できない、菊池さんならではの視点です。こうした志ある会社の取り組みが日本再生を可能とするにちがいありません。

未来創造企業の必要性

未来創造企業（ＳＳＣ）評議審査員

社会貢献を可視化し、本当の創造価値を掴む

SSC評議審査員　天明　茂

商売は「世の不足を埋める」

日本の三大商社の一角である伊藤忠グループは、２０２０年に企業理念を「三方よし」に改定しました。これは「持続的な企業価値向上と社会課題の解決を同時に図る」こと、そして「これはSDGsの理念に通じる」ことを改めて内外に明らかにしたものとして注目されます。

言うまでもなく、「三方よし」は近江商人の商人道として知られていますが、そのもとを辿ると、伊藤忠の初代・伊藤忠兵衛氏が「商売は『世の不足を埋める』もの」と喝破していたことに行き着きます。

そして伊藤忠兵衛氏はこの道を「菩薩の行」としているのです。これこそ、「社会課題の解決」にほか

なりません。今から160年以上も前のことです。

そもそも商売は「世の不足を埋める」活動だったのです。しかし、資本主義の発展につれて商売の目的が財や金の獲得にすり替えられ、結果として地球環境や人心が蝕まれてしまいました。これからの企業の使命は、まず何よりも、経済合理性優先の資本主義がつくり出した負の遺産を解消すること、そして、一人一人が自分の天命を全うし幸せに生活できる環境をつくりあげることではないでしょうか。

この社会イノベーションは、①コンプライアンスを守る、②企業倫理を守る、③進んで社会貢献を果たすという3段階があります。一つずつ見ていきましょう。

社会のイノベーション3段階

①コンプライアンス（遵法）

まず法令遵守です。これは「法で決められたことを守る」ことです。当たり前のことのようですが、社会全体でみると、実はこの当たり前ができていないのです。

大手企業の役員が頭を下げてお詫びしている新聞写真や映像が何と多いことか。遵法の根本は道徳や倫理感の欠如に尽きますが、不法行為については本書の読者にはあり得ないことなので、コンプライアンスはここまでとしましょう。

②企業倫理

第2のステップは企業倫理です。「倫理」の難しい定義はさて置き、私の定義は「法で禁止されていないけど、やらないほうが良いことはやらない」ことです。実はこれを守っていない企業は少なくないのです。

食品会社の多くは保存料や着色料などの食品添加物を使用しています。また、農家の多くは法で許容されている範囲内で農薬や化学肥料を使用しています。でもこれら食品添加物や農薬などを使わないほうが健康に良いに違いないのです。なのに、使用するのはコストが低く抑えられる、手間がかからないなどといった企業側の都合です。その背景には消費者側の安価・便利さの欲求も無視できません。

しかし「企業倫理」を守っている生産者もあります。「無農薬野菜」「無添加食品」など、コストが多少高くなっても生産者や消費者の健康や安全を優先して農薬等を使わないで生産・製造しているのです。しかし、販売価格が高くなるので販売が伸びないという悩みがあります。せっかく良いものを作っても消費者に受け入れられない。これは生活者の問題でもあるのです。消費者が作り手の心を受け止めて、生産者を応援していかなければなりません。作り手と使い手が地球やいのちに対する価値観を共有することが欠かせないのです。

③社会貢献

第3のステップは「社会貢献」です。これは「法でやりなさいと規定されていなくとも、やったほうが良いことはやる」ことです。

今の社会は地球環境の破壊、生物種の絶滅危機、所得格差、シングルマザー、身体的・精神的障害などを原因とするさまざまな不幸や不公平な事態が発生しています。こうした課題に対して企業が積極的に取り組んで解決していく取り組みが社会貢献です。未来創造企業の特徴は、この活動を本業の中に組み込んでいる点です。「儲かったら社会貢献」ではなく、「社会貢献の結果として利益が確保できる」というビジネスモデルを構築しているところに凄さがあるのです。

最近、「パーパス」「パーパス経営」という言葉を耳にするようになりました。私はこれまで使われてきた「ミッション・ビジョン・バリュー」で十分と思っていたのですが、想像以上に、社会に貢献することを打ち出したいという経営者の意志を感じるようになりました。「わが社の存在目的は就労困難者に雇用の機会を提供する」「地球上から貧困をなくす」など、存在目的が直接の事業内容の上位概念として制定されているのです。企業が「食品の製造販売」「自動車の販売」「携帯電話サービス」など、事業を通じて「どんな社会課題を解決するのか」「その結果としてどのような社会を生み出すか」を明確にイメージして経営に当たることが大切になっているのです。

社会貢献を可視化する

最近「インパクト会計」が世界的な話題となっています。これは「企業が社会的、環境的な影響や貢献を計測・評価し、報告する」ことを目的とした会計手法の一つです。

「インパクト」とは「社会への影響」であり、「正のインパクト」と「負のインパクト」があります。社会への貢献は「正」、これに対して社会にマイナスの影響は「負」のインパクトというわけです。このインパクトを貨幣価値で評価し決算書に載せることができれば、企業が生み出した「本当の価値」を掴める点で画期的な手法といえます。日本ではまだインパクト会計は義務化されていませんが、エーザイ(株)など自主的にインパクト会計を導入し報告を行う会社が出てきました。

インパクト会計に関心を持っているのは今のところ大手企業ですが、私は未来創造企業こそインパクト会計に関心を持つべきと考えます。未来創造企業は、決算書に載らない社会貢献という「正のインパクト＝社会貢献収益」が断然大きいからです。決算書に載っている売上高や利益額は大きくなくとも、「社会貢献収益」を加えれば大きな社会的価値を生み出していることが分かります。これがブランド価値となり、ステークホルダーから一層の信頼を得るだけでなく、社会課題解決も格段に進んでいくに違いありません。

課題解決から始まるサステナブルな世界の創造

SSC評議審査員　泉　貴嗣

サステナブルな世界を実現するために

環境問題や社会問題が深刻化し、わたしたちと将来世代のサステナビリティ（持続可能性）は今や危機に瀕しています。この危機はわたしたちの経済活動に起因しますが、多くの企業はこの問題を直視せず、日々の業務の忙しさやコスト増、顧客の無理解などの「短期的な経済合理性」を口実に、環境問題や社会問題に対して具体的で効果ある行動を起こしていません。しかし、このまま企業が目先の利益を追いかけ、問題解決に対して行動を起こさなければ、この世界はどうなるでしょうか？

わたしたちは今、直面している問題を知っています。企業を経営する人、そこで働く人はすべてこの世界の住人であり、別世界の人間ではありません。わたしたちはそれぞれの立場で、未来のために何をすべきかを考える時に来ています。本書のテーマに即して考えれば、サステナブルな世界を実現するために現在の問題を克服し、未来を創造する企業、つまり「未来創造企業」が求められているのです。

未来を創造する、ということはとてもクリエイティブで、ワクワクすることです。しかし、企業は未来「だけ」を見て、見栄えがする取り組みだけを行えば良いというものではありません。未来は過去、そして現在の延長線上に実現します。だからこそ、未来創造企業は「当事者意識」を持って、現在の環境問題や社会問題の淵源である過去を直視し、自社のビジネスによって目の前に広がっている問題の解決を図らねばなりません。わたしたちが望む未来の創造とは、過去から現在に連なる問題解決の先にあるものです。

社外、社内、地域を視野に、継続的で根気強い取り組みを

環境問題や社会問題は一朝一夕で解決できるものではありません。未来創造企業はこのことを前提に、未来を創造するためにどのような問題を解決すべきかを問い、それを経営課題の中心に据え、本業の稼ぐ「プロセス」に環境問題や社会問題の解決機能を実装することが求められます。一般的に【問題解決=寄付やボランティア】になりがちですが、これらは本業の「結果」を原資として行われるものであり、業績の良し悪しによっては継続できなくなる恐れがあるからです。短期間で解決できない問題には、継続的で根気強い取り組みが不可欠です。そのため寄付やボランティアに励みつつも、これから取り組む問題に対して戦略性を高め、結果志向からプロセス志向へとビジネスモデルを転換させる必要があります。

本業で環境問題や社会問題を解決する時に気を付けたいのは、未来創造企業は社外の問題解決だけに意識を集中すれば良いというものではありません。これらの問題は社内でも十分起き得ます。自社が環

境問題や社会問題の温床とならないように、リーダーは自社のガバナンスに対して十分目を配り、空疎な掛け声だけでなく、経営資源を配分し、適切なマネジメントを行う環境を整備する必要があります。つまり、「未来を創造するに相応しい企業の資質」を高め、さまざまな事業リスクの低減に努めることが求められます。これはリーダーが最初に果たすべき責任だといえるでしょう。リーダーがこの責任を果たすには、常に慢心を自戒し、他者の意見を乞う謙虚さが欠かせません。

どんな企業、ビジネスであっても必ずある地域に所在し、その地域から有形無形の経営資源を調達しています。それにもかかわらず、地域の一員として地域の人々と課題を共有せず、地域から経営資源を一方的に貪るだけであれば、どうなるでしょうか？

どんなに崇高な理念を掲げ、遠い地域の問題を解決するビジネスを展開していても、自社が地域の社会問題を生み出す存在となり、地域の人々から疎まれ、やがては地域から経営資源を調達することも難しくなります。それは、地域における自社のサステナビリティを損なうことを意味します。未来を創造することは「地域という足元」から始まります。人々と地域の課題を共有し、戦略的な方法で地域のサステナビリティ実現に取り組むことこそが、未来創造企業の地歩を固めることになります。

リーダーと働く人が志を共有し、組織で未来を切り拓く

すでに述べたように、環境問題や社会問題は短期間で解決できない以上、わたしたちはこれらの問題に対して「長期戦」で臨む必要があります。生態系に関する問題や根深い社会問題など、今の経営者の代だけで解決できない問題が多くあります。しかし、だからといって未来のために、これらの問題への挑戦を止めるわけにはいきません。未来創造企業は問題に対して長期的な取り組みを前提とし、代を継いでこの問題に挑み続ける必要があります。だからこそ、リーダーは我執を捨て、早期かつ戦略的な事業承継を計画し、実行に移す行動力が求められます。退き際を弁えないリーダーは、自らの存在が未来の障害になってしまいます。

そして、企業と働く人との協働なくして未来の創造はあり得ません。未来創造企業はビジネスを通じて問題解決の先に未来を創造するという使命を持った存在です。リーダーと従業員の関係は、未来を創造するための対等で互恵的なパートナーであり、主従関係ではありません。そうなるとリーダーだけが

志を持ち、能力を高めれば良いのではなく、自社で働く人々と未来の創造という目的を共有し、その目的を実現するために必要な能力を高めるための物心両面のサポートが必要です。リーダーと働く人々が志を共有し、組織としての環境問題や社会問題への当事者性を持つからこそ、問題解決への挑戦が可能になり、その先の未来を切り拓くことができるのです。

多くの環境問題や社会問題は規模が大きく根深い問題であり、1社でその解決に取り組むには大きな困難が伴います。しかし、未来創造企業は立ちはだかる問題の大きさに怯んではなりません。1社でできることは僅かですが、仲間と手を携えて挑戦すれば、必ずや問題解決の糸口が見つかります。そこで1社で気負わず、自社「だけ」でできることの小ささを率直に認め、さまざまな組織や人々とのパートナーシップで問題に立ち向かうことが大切です。同業他社や志を同じくする未来創造企業だけでなく、NPOや自治体、学校、市民団体、などの非営利組織とのパートナーシップは、ビジネスの進化と問題解決の両立に新たなチャンスをもたらしてくれるでしょう。そこで重要なことは彼らの信頼を得ることですが、そのためには自社の経営状況を飾らず、誠実に開示し続けることです。透明性の高い組織こそ、より多くのパートナーの信頼を得ることができるのです。

未来を切り拓き、サステナブルな世界を実現するには、今ある環境問題や社会問題をビジネスによって解決し、その成果を将来世代に伝えていかねばなりません。そのためにわたしたちに残された時間はごくわずかです。右顧左眄せず、パートナーと共にいち早く環境問題や社会問題をビジネスで解決できる企業に成長することこそが、未来創造企業のミッションだといえるのではないでしょうか。

社会になくてはならない会社、これから求められる会社

ＳＳＣ評議審査員　小山　邦彦

未来を創る企業たち

今、時代は、私欲を膨張させる金融資本主義によって深刻な地球的課題が噴出していることの危機感もあって、「競争」から「共生」へ経営思想の軸足が移りつつあるように見えます。ＳＤＧｓもその流れにあるのでしょうが、それは看板倒れや見せかけのケースが目につきます。

そんな中で未来創造企業たちは、流行に乗って体裁を取り繕うことなく、「公益」を大切にし、本氣で社会をより良くしていくための活動に取り組んでいます。そして今や本書に掲載されている代表的な未来創造企業の他にも、本業を通じて社会課題を解決する志を持つ企業が続々と現れています。

大企業にあっては競争優位に立つためのＣＳＲ（企業の社会的責任）で何がしか環境や社会に配慮する動きは以前からありましたが、地域（中小）企業が社会課題解決を見据えての経営活動―それも学び合い、連携を取りながら―はほとんど見られませんでした。

私も長年士業（社会保険労務士他）をやっておりますが、数あるクライアントの中にもそのような企業は見当たらないのです。もちろん寄付やボランティア活動などを行うことも時折はあるのですが、目先の経営で手一杯になることが多い地域企業が、自社の存続や成長という狭いエゴを超えて、本業で社会課題に目を向けるというのは正直、驚きでした。

しかし、今や１００社を超える企業が、公益や共感の資本主義に基づく経営へ移行しています。「そんなことをして会社は大丈夫なのか？儲かるのか？」という雑音（自らの不安でもあるのでしょう）を乗り越え、社会性と経済性の両立へ挑戦する彼らの勇気ある姿に感動すら覚えます。

また、未来創造企業たちは他の経営団体にはあまり見られない特徴的な活動をしています。それは「日々学び合い、連携し合う」こと。個々の企業ではできない大業を達成するため、志を同じくする企業が地域を超えて、単なる仕事の融通ではない連携と協働を進めているのです。これは衰退著しい多くの地域企業やその地域が再生するための新たなモデルになるのではないかと期待をしております。

組織人事の視点から

私の本業である組織人事分野の中心課題は、そこで働く人たちの幸せ（ウェルビーイング）の追求にあります。そのために企業は採用と定着に資するための魅力を高め、働きやすい職場環境を整備し、社員の成長のための教育や動機づけを行い、金銭的な満足感も考慮し…等々、「この会社で働けてよかった」と言われるように日々努力を続けています。

しかし多くの場合、この努力は自社だけの存続や成長という狭い範囲に留まっており、人が真に働く動機—世の中の役に立ちながら、関係する人々とのつながりを感じ、結果として幸せな職業人生を送ること（仮説ですが）—とは乖離があるのです。「物心両面の幸せ」といってもそれは自社の枠の中のことであり、本来はつながっている地域社会や環境との関係がほとんど論じられてこなかったように思います。

未来創造企業の認定を受ける過程で通る道（未来を創る企業になる！　という経営者の立志、経営理念の再構築と共有、全員を巻き込んだ対話、自社の活動に関わる環境への配慮、本業で解決すべき社会課題の検証、自主的運営など）を満たしていくと、自ずとこの真の動機が醸成されていく姿を何度も目にしました。それも6か月とか長くても1年という短期間で、劇的な変化が起きたのです。これを見て、今まで人事労務コンサルタントとして私は何をしてきたのだろうか？　という忸怩たる思いにもなりました。つまり、働く人たちが幸せな人生を送るには「自分の仕事が社会や人の役に立っている」という自己肯定感を持つことが最短距離なのではないか、と気付いたのです。

人材活性化の試みにおいて、報酬をちらつかせた人事評価や、昇格昇進などの外的（与えられる）動機づけに関しては「取り引き」という損得の関係性がもたらす卑しさに限界を感じていました。一方、未来創造企業の「本業を通じて社会課題を解決する」取り組みは、社員の内的（心底から湧き上がる）動機づけに大きく働きかける可能性があるのです。これが結果として採用や定着に資することになり、さらにはそれが地域社会に伝わって「御社のような取り組みをしている会社と取引したい」という引き合いが続々と入ってくるようになった例もあります。

未来創造企業における新しい組織のかたち

未来を創っていく企業は、その組織の運営方法も社会課題を解決する形に変えていくことを期待しています。経営者も含め企業に集う人々が「人間らしく働ける環境」とは何だろうか？　という問いを私もずっと持ち続けていますが、その一つに「管理型から自律型へ」という流れがあります。管理型が良いとか悪いということではなく、これは情報や権限を上部に集めて判断を下し、人と組織を適切に操作して機能させる仕組みのことをいいます。

特に18世紀の産業革命以降、この管理型の組織運営によって世界の産業と経済は大きく発展しました。しかしこの仕組みは、効率と経済性を優先した操作主義に立脚しているため、徐々に人間性を阻害し、さらには不知足の増長が過ぎて、「人」の存在を忘れたマネー至上主義に陥ってしまいました。これが地球環境と社会を蝕み、現代の病のもととなっているのです。ゆえに今、人が健全に働き、生きるための本質に回帰する「人の本来性を発揮できる組織づくり」が時代の要請となってきています。

この方法の一つとして、組織運営のＯＳ（ＰＣで云うオペレーションシステムに例えられる）を管理型から自律型へ転換させるやり方（本来は在り方）があります。これは意思決定の方法を従来の中央集権から現場のチームや人による自律分散型へ移行させ、状況に応じて最適化を目指す自由で迅速な意思決定を優先させる方法です。

もちろん好き勝手に放任するわけではなく一定のパーパス（企業の存在目的）やルールに基づいて経営活動を行うのですが、この自律分散型の仕組みを、自律という人の本来性を取り戻す目的と同時に、加速度を増しているＶＵＣＡの時代に適応するための戦略として採用する企業が徐々に現れてきています。中央集権管理型という、人の歴史に深く根付いた慣習を大きく変革するものであるため、まだ黎明期にありますが、未来を創る企業にとっても社会課題である「人の働き方」を革新していくには注目すべき動きと思われます。

編者紹介

一般社団法人日本未来企業研究所

一般社団法人日本未来企業研究所は、未来創造企業の推進を図ろうとする意欲のある中小企業を、「ＳＳＣ（サステナブル・ソーシャル・カンパニー）未来創造企業」として認定しています。

未来創造企業とは「本業を通じた継続的な社会課題の解決」を事業目的の第一に掲げ、その実践により社会の価値や人々の幸福度を向上させ、よりよい社会を創り出すだけでなく、実践の結果生まれる利益を適切に分配（従業員等へ）・再投資することで企業の持続的な発展に努める企業です。

このような企業を社会に増やすことで持続可能な社会構築を目指します。

https://jfr.or.jp/

著者紹介

天明 茂　（てんみょう しげる）

1964年明治学院大学経済学部卒業。70年公認会計士登録。日本創造経営協会を経て90年に独立。約200社の経営指導に携わる傍ら各種セミナー、講演活動を行い、大学教壇に立つ。会計を「尊徳会計」と捉え、「論語と算盤」で会社再建、人材育成等に携わってきた。一般社団法人人間力大学校校長、宮城大学名誉教授、あおもり立志挑戦塾塾長、など。

泉 貴嗣　（いずみ よしつぐ）

2010年東京農工大学大学院連合農学研究科満期退学。小樽商科大学大学院　商学研究科　准教授。専門はサステナビリティ経営、ビジネス倫理。自治体の中小企業政策や中小企業のサステナビリティ経営の支援、上場企業の常勤監査役などを経て現職。著書に『やるべきことがすぐわかる！ SDGs実践入門～中小企業経営者＆担当者が知っておくべき85の原則』（技術評論社）など。

小山 邦彦　（こやま くにひこ）

1982年広島大学法経学部卒業。全国で1,500名以上の会員を有する「日本人事労務コンサルタントグループ（LCG）ファウンダー。 1985年から2016年まで名南コンサルティングネットワークにおける人事労務事業の代表を務める。人事労務コンサルティングをメインにしていたが、近年は制度構築のみならず組織開発をベースにしたチームビルディングも展開。また、東洋思想ベースのリベラルアーツ社員育成、健康経営コンサルティング、「ティール組織」に代表される自律分散システムの研究にも注力している。

◎ご協力いただいた皆様
宮田 博文さん（株式会社宮田運輸）
後藤 昌代さん（株式会社宮田運輸）
池本 誠知さん（株式会社STYLE）
林 さゆりさん（株式会社夢ふぉと）
一二 健夫さん（株式会社一二三工業所）
早瀬 渉さん （株式会社ラポールヘア・グループ）
吉川 稔さん （東邦レオ株式会社）
小林 直史さん（東邦レオ株式会社）
橘 修吾郎さん（株式会社成基総研）
中園 佳幸さん（株式会社成基総研）
舂尾 大雅さん（秋葉原社会保険労務士法人）
花堂 浩一さん（株式会社アスモ）
高橋 剛志さん（株式会社四方継）
菊池 暢晃さん（アップルアーキテクツ株式会社）
及川 政孝さん（一般社団法人日本未来企業研究所）

◎スタッフリスト
編　　集：勅使川原 寛子　神田 祐佳
デザイン：山下 哲
制　　作：小澤 藍　竹森 広光

本書の内容についてのお問い合わせ先
株式会社masterpeace　メール窓口　contact@masterpeace.co.jp
件名に「『伝えたい、未来を創る会社―社会を変え、人を幸せにする会社“未来創造企業”―』問い合わせ」と明記してお送りください。
電話やFAX、郵便でのご質問にはお答えできません。
返信までには、しばらくお時間をいただく場合があります。
なお、本書の範囲を超えるご質問にはお答えしかねますので、あらかじめご了承ください。

伝えたい、未来を創る会社
―社会を変え、人を幸せにする会社“未来創造企業”―

2023年7月14日　初版発行Ver.1.0

編　者　一般社団法人日本未来企業研究所
発行人　窪田 篤
発　行　株式会社masterpeace
good.book編集部
〒107-0062
東京都港区南青山3-15-9 MINOWA表参道3F-206
https://www.masterpeace.co.jp/

ISBN 978-4-909288-89-9